禮記
The Book of Rites

戴聖
Dai Sheng

禮記

Copyright © JiaHu Books 2014

First Published in Great Britain in 2014 by Jiahu Books – part of
Richardson-Prachai Solutions Ltd, 34 Egerton Gate, Milton Keynes,
MK5 7HH

ISBN: 978-1-78435-043-7

A CIP catalogue record for this book is available from the British
Library

Visit us at: jiahubooks.co.uk

曲禮上

《曲禮》曰：「毋不敬，儼若思，安定辭。」安民哉！

敖不可長，欲不可從，志不可滿，樂不可極。

賢者狎而敬之，畏而愛之。愛而知其惡，憎而知其善。積而能散，安安而能遷。臨財毋苟得，臨難毋苟免。很毋求勝，分毋求多。疑事毋質，直而勿有。

若夫，坐如尸，立如齊。禮從宜，使從俗。

夫禮者所以定親疏，決嫌疑，別同異，明是非也。禮，不妄說人，不辭費。禮，不踰節，不侵侮，不好狎。脩身踐言，謂之善行。行脩言道，禮之質也。禮聞取於人，不聞取人。禮聞來學，不聞往教。

道德仁義，非禮不成；教訓正俗，非禮不備。分爭辨訟，非禮不決。君臣上下，父子兄弟，非禮不定。宦、學事師，非禮不親。班朝、治軍，涖官、行法，非禮威嚴不行。禱祠、祭祀，供給鬼神，非禮不誠不莊。是以君子恭、敬、撙、節、退、讓以明禮。鸚鵡能言，不離飛鳥。猩猩能言，不離禽獸。今人而無禮，雖能言，不亦禽獸之心乎？夫唯禽獸無禮，故父子聚麀。是故聖人作，為禮以教人。使人以有禮，知自別於禽獸。

太上貴德，其次務施報。禮尚往來，往而不來，非禮也；來而不往，亦非禮也。人有禮則安，無禮則危。故曰，禮者不可不學也。夫禮者，自卑而尊人。雖負販者，必有尊也，而況富貴乎？富貴而知好禮，則不驕不淫；貧賤而知好禮，則志不懾。

人生十年曰幼，學。二十曰弱，冠。三十曰壯，有室。四十曰強，而仕。五十曰艾，服官政。六十曰耆，指使。七十曰老，而傳。八十九十曰耄，七年曰悼，悼與耄，雖有罪，不加刑焉。百年曰期，頤。大夫七十而致事。若不得謝，則必賜之几杖，行役以婦人。適四方，乘安車。自稱曰「老夫」，於其國則稱名；越國而問焉，必告之以其制。謀於長者，必操几杖以從之。長者問，不辭讓而對，非禮也。

凡為人子之禮：冬溫而夏凊，昏定而晨省，在醜、夷不爭。

夫為人子者，三賜不及車馬。故州、閭、鄉、黨稱其孝也，兄弟親戚稱其慈也，僚友稱其弟也，執友稱其仁也，交遊稱其信也。見父之執，

不謂之進不敢進，不謂之退不敢退；不問，不敢對。此孝子之行也。

夫為人子者：出必告，反必面，所遊必有常，所習必有業。恆言不稱老。年長以倍則父事之，十年以長則兄事之，五年以長則肩隨之。群居五人，則長者必異席。

為人子者，居不主奧，坐不中席，行不中道，立不中門。食饗不為概，祭祀不為尸。聽於無聲，視於無形。不登高，不臨深。不苟訾，不苟笑。孝子不服闇，不登危，懼辱親也。父母存，不許友以死。不有私財。

為人子者：父母存，冠衣不純素。孤子當室，冠衣不純采。

幼子常視毋誑，童子不衣裘、裳。立必正方。不傾聽。長者與之提攜，則兩手奉長者之手。負、劍，辟咡詔之，則掩口而對。

從於先生，不越路而與人言。遭先生於道，趨而進，正立拱手。先生與之言則對；不與之言則趨而退。從長者而上丘陵，則必鄉長者所視。登城不指，城上不呼。將適舍，求毋固。將上堂，聲必揚。戶外有二屨，言聞則入，言不聞則不入。將入戶，視必下。入戶奉扃，視瞻毋回；戶開亦開，戶闔亦闔；有後入者，闔而勿遂。毋踐屨，毋踖席，摳衣趨隅。必慎唯諾。大夫士出入君門，由闑右，不踐閾。

凡與客入者，每門讓於客。客至於寢門，則主人請入為席，然後出迎客。客固辭，主人肅客而入。主人入門而右，客入門而左。主人就東階，客就西階，客若降等，則就主人之階。主人固辭，然後客復就西階。主人與客讓登，主人先登，客從之，拾級聚足，連步以上。上於東階，則先右足；上於西階，則先左足。

帷薄之外不趨，堂上不趨，執玉不趨。堂上接武，堂下布武。室中不翔，並坐不橫肱。授立不跪，授坐不立。

凡為長者糞之禮，必加帚於箕上，以袂拘而退。其塵不及長者，以箕自鄉而扱之。奉席如橋衡。請席何鄉？請衽何趾？席：南鄉北鄉，以西方為上；東鄉西鄉，以南方為上。若非飲食之客，則布席，席間函丈。主人跪正席，客跪撫席而辭。客徹重席，主人固辭。客踐席，乃坐。主人不問，客不先舉。將即席，容毋怍。兩手摳衣，去齊尺。衣毋撥，足毋蹶。先生書策琴瑟在前，坐而遷之，戒勿越。虛坐盡後，

食坐盡前。坐必安，執爾顏。長者不及，毋儳言。正爾容，聽必恭。毋勦說，毋雷同。必則古昔，稱先王。侍坐於先生：先生問焉，終則對。請業則起，請益則起。父召無諾，先生召無諾，唯而起。侍坐於所尊敬，毋餘席。見同等不起。燭至起，食至起，上客起。燭不見跋。尊客之前不叱狗。讓食不唾。

侍坐於君子，君子欠伸，撰杖屨，視日蚤莫，侍坐者請出矣。侍坐於君子，君子問更端，則起而對。侍坐於君子，若有告者曰：「少間，願有復也。」則左右屏而待。

毋側聽，毋噭應，毋淫視，毋怠荒。遊毋倨，立毋跛，坐毋箕，寢毋伏。斂髮毋髢，冠毋免，勞毋袒，暑毋褰裳。

侍坐於長者，屨不上於堂，解屨不敢當階。就屨，跪而舉之，屏於側。鄉長者而屨；跪而遷屨，俯而納屨。

離坐，離立，毋往參焉。離立者，不出中間。

男女不雜坐。不同椸、枷。不同巾、櫛，不親授。嫂叔不通問，諸母不漱裳。外言不入於梱，內言不出於梱。女子許嫁，纓；非有大故，不入其門。姑、姊、妹、女子子，已嫁而反，兄弟弗與同席而坐，弗與同器而食。父子不同席。男女非有行媒，不相知名。非受幣，不交不親。故日月以告君，齊戒以告鬼神，為酒食以召鄉黨僚友，以厚其別也。取妻不取同姓。故買妾不知其姓則卜之。寡婦之子，非有見焉，弗與為友。

賀取妻者曰：「某子使某，聞子有客，使某羞。」

貧者不以貨財為禮，老者不以筋力為禮。

名子者不以國，不以日月，不以隱疾，不以山川。

男女異長。男子二十，冠而字。父前，子名；君前，臣名。女子許嫁，笄而字。

凡進食之禮，左殽右胾，食居人之左，羹居人之右。膾炙處外，醯醬處內，蔥渫處末，酒漿處右。以脯脩置者，左胊右末。客若降等，執食興辭，主人興辭於客，然後客坐。主人延客祭：祭食，祭所先進。殽之序，徧祭之。三飯，主人延客食胾，然後辯殽。主人未辯，客不虛口。侍食於長者，主人親饋，則拜而食。主人不親饋，則不拜而食。

共食不飽，共飯不澤手。毋摶飯，毋放飯，毋流歠，毋咤食，毋齧骨，毋反魚肉，毋投與狗骨。毋固獲，毋揚飯。飯黍毋以箸。毋嚃羹，毋絮羹，毋刺齒，毋歠醢。客絮羹，主人辭不能亨；客歠醢，主人辭以窶。濡肉齒決，乾肉不齒決。毋嘬炙。卒食，客自前跪，徹飯齊以授相者，主人興辭於客，然後客坐。侍飲於長者，酒進則起，拜受於尊所。長者辭，少者反席而飲。長者舉未釂，少者不敢飲。長者賜，少者賤者不敢辭。賜果於君前，其有核者懷其核。御食於君，君賜餘，器之溉者不寫，其餘皆寫。餕餘不祭。父不祭子，夫不祭妻。御同於長者，雖貳不辭，偶坐不辭。羹之有菜者用梜，其無菜者不用梜。為天子削瓜者副之，巾以絺。為國君者華之，巾以綌。為大夫累之，士疐之，庶人齕之。父母有疾，冠者不櫛，行不翔，言不惰，琴瑟不御，食肉不至變味，飲酒不至變貌，笑不至矧，怒不至詈。疾止復故。有憂者側席而坐，有喪者專席而坐。

水潦降，不獻魚鱉，獻鳥者佛其首，畜鳥者則勿佛也。獻車馬者執策綏，獻甲者執冑，獻杖者執末。獻民虜者操右袂。獻粟者執右契，獻米者操量鼓。獻孰食者操醬齊。獻田宅者操書致。凡遺人弓者：張弓尚筋，弛弓尚角。右手執簫，左手承弣。尊卑垂帨。若主人拜，則客還辟，辟拜。主人自受，由客之左，接下承弣；鄉與客並，然後受。進劍者左首。進戈者前其鐏，後其刃。進矛戟者前其鐓。進几杖者拂之。效馬效羊者右牽之；效犬者左牽之。執禽者左首。飾羔鴈者以繢。受珠玉者以掬。受弓劍者以袂。飲玉爵者弗揮。凡以弓劍、苞苴、簞笥問人者，操以受命，如使之容。

凡為君使者，已受命，君言不宿於家。君言至，則主人出拜君言之辱；使者歸，則必拜送于門外。若使人於君所，則必朝服而命之；使者反，則必下堂而受命。

博聞強識而讓，敦善行而不怠，謂之君子。君子不盡人之歡，不竭人之忠，以全交也。《禮》曰：「君子抱孫不抱子。」此言孫可以為王父尸，子不可以為父尸。為君尸者，大夫士見之，則下之。君知所以為尸者，則自下之，尸必式。乘必以几。齊者不樂不弔。

居喪之禮，毀瘠不形，視聽不衰。升降不由阼階，出入不當門隧。

居喪之禮，頭有創則沐，身有瘍則浴，有疾則飲酒食肉，疾止復初。不勝喪，乃比於不慈不孝。五十不致毀，六十不毀，七十唯衰麻在身，飲酒食肉，處於內。生與來日，死與往日。知生者弔，知死者傷。知生而不知死，弔而不傷；知死而不知生，傷而不弔。弔喪弗能賻，不問其所費。問疾弗能遺，不問其所欲。見人弗能館，不問其所舍。賜人者不曰「來取」。與人者不問其所欲。

適墓不登壟，助葬必執紼。臨喪不笑。揖人必違其位。望柩不歌。入臨不翔。當食不歎。鄰有喪，舂不相。里有殯，不巷歌。適墓不歌。哭日不歌。送喪不由徑，送葬不辟塗潦。臨喪則必有哀色，執紼不笑，臨樂不歎；介胄則有不可犯之色。故君子戒慎，不失色於人。國君撫式，大夫下之。大夫撫式，士下之。禮不下庶人，刑不上大夫。刑人不在君側。

兵車不式。武車綏旌，德車結旌。

史載筆，士載言。前有水，則載青旌。前有塵埃，則載鳴鳶。前有車騎，則載飛鴻。前有士師，則載虎皮。前有摯獸，則載貔貅。行：前朱鳥而後玄武，左青龍而右白虎。招搖在上，急繕其怒。進退有度，左右有局，各司其局。

父之讎，弗與共戴天。兄弟之讎不反兵。交遊之讎不同國。

四郊多壘，此卿大夫之辱也。地廣大，荒而不治，此亦士之辱也。

臨祭不惰。祭服敝則焚之，祭器敝則埋之，龜筴敝則埋之，牲死則埋之。凡祭於公者，必自徹其俎。

卒哭乃諱。禮，不諱嫌名。二名不偏諱。逮事父母，則諱王父母；不逮事父母，則不諱王父母。君所無私諱，大夫之所有公諱。詩書不諱，臨文不諱。廟中不諱。夫人之諱，雖質君之前，臣不諱也；婦諱不出門。大功小功不諱。入竟而問禁，入國而問俗，入門而問諱。

外事以剛日，內事以柔日。凡卜、筮日：旬之外曰遠某日，旬之內曰近某日。喪事先遠日，吉事先近日。曰：「為日，假爾泰龜有常，假爾泰筮有常。」卜、筮不過三，卜、筮不相襲。龜為卜，筴為筮，卜、筮者，先聖王之所以使民信時日，敬鬼神，畏法令也；所以使民決嫌疑，定猶與也。故曰：「疑而筮之，則弗非也；日而行事，則必踐

之。」

君車將駕，則僕執策立於馬前。已駕，僕展軨效駕，奮衣由右上，取貳綏，跪乘，執策分轡，驅之，五步而立。君出就車，則僕并轡授綏。左右攘辟，車驅而騶。至于大門，君撫僕之手，而顧命車右就車；門閭、溝渠必步。凡僕人之禮，必授人綏。若僕者降等，則受；不然，則否。若僕者降等，則撫僕之手，不然，則自下拘之。客車不入大門。婦人不立乘。犬馬不上於堂。故君子式黃髮，下卿位；入國不馳，入里必式。君命召，雖賤人，大夫士必自御之。介者不拜，為其拜而蓌拜。祥車曠左，乘君之乘車不敢曠左；左必式。僕御婦人，則進左手，後右手；御國君，則進右手，後左手，而俯。國君不乘奇車。車上不廣欬，不妄指。立視五巂，式視馬尾，顧不過轂。國中以策彗恤勿驅勿驅。塵不出軌。國君下齊牛，式宗廟。大夫士下公門，式路馬。乘路馬必朝服，載鞭策，不敢授綏，左必式。步路馬，必中道。以足蹙路馬芻，有誅。齒路馬，有誅。

曲禮下

凡奉者當心，提者當帶。執天子之器則上衡，國君則平衡，大夫則綏之，士則提之。凡執主器，執輕如不克。執主器，操幣、圭、璧，則尚左手，行不舉足，車輪曳踵。立則磬折垂佩。主佩倚，則臣佩垂。主佩垂，則臣佩委。執玉，其有藉者則裼；無藉者則襲。

國君不名卿老、世婦，大夫不名世臣、姪、娣，士不名家相、長妾。

君大夫之子，不敢自稱曰「余小子」；大夫士之子，不敢自稱曰「嗣子某」，不敢與世子同名。

君使士射，不能，則辭以疾；言曰：「某有負薪之憂。」侍於君子，不顧望而對，非禮也。

君子行禮，不求變俗。祭祀之禮，居喪之服，哭泣之位，皆如其國之故，謹（脩）〔循〕其法而審行之。去國三世，爵祿有列於朝，出入有詔於國。若兄弟宗族猶存，則反告於宗後；去國三世，爵祿無列於朝，出入無詔於國。唯興之日，從新國之法。

君子已孤不更名。已孤暴貴，不為父作諡。居喪，未葬，讀喪禮；既

葬，讀祭禮；喪復常，讀樂章。居喪不言樂，祭事不言凶，公庭不言婦女。

振書、端書於君前，有誅。倒筴、側龜於君前，有誅。龜筴、几杖、席蓋、重素、袗絺綌，不入公門。苞屨、扱衽、厭冠，不入公門。書方、衰、凶器，不以告，不入公門。公事不私議。

君子將營宮室：宗廟為先，廄庫為次，居室為後。

凡家造：祭器為先，犧賦為次，養器為後。無田祿者不設祭器；有田祿者先為祭服。君子雖貧，不粥祭器；雖寒，不衣祭服；為宮室，不斬於丘木。大夫士去國，祭器不踰竟。大夫寓祭器於大夫，士寓祭器於士。大夫士去國：踰竟，為壇位，鄉國而哭。素衣、素裳、素冠，徹緣、鞮屨、素簚，乘髦馬，不蚤鬋，不祭食，不說人以無罪；婦人不當御。三月而復服。大夫士見於國君，君若勞之，則還辟，再拜稽首。君若迎拜，則還辟，不敢荅拜。大夫士相見，雖貴賤不敵，主人敬客，則先拜客；客敬主人，則先拜主人。凡非弔喪，非見國君，無不荅拜者。大夫見於國君，國君拜其辱。士見於大夫，大夫拜其辱。同國始相見，主人拜其辱。君於士，不荅拜也；非其臣，則荅拜之。大夫於其臣，雖賤，必荅拜之。男女相荅拜也。

國君春田不圍澤；大夫不掩群，士不取麛卵。

歲凶，年穀不登，君膳不祭肺，馬不食穀，馳道不除，祭事不縣。大夫不食（梁）〔粱〕，士飲酒不樂。君無故，玉不去身；大夫無故，不徹縣，士無故不徹琴瑟。士有獻於國君，他日，君問之曰：「安取彼？」再拜稽首而后對。大夫私行出疆，必請。反，必有獻。士私行出疆，必請。反，必告。君勞之，則拜；問其行，拜而后對。

國君去其國，止之曰：「奈何去社稷也！」大夫，曰：「奈何去宗廟也！」士，曰：「奈何去墳墓也！」國君死社稷，大夫死眾，士死制。

君天下曰「天子」。朝諸侯，分職授政任功，曰「予一人」。踐阼，臨祭祀：內事曰「孝王某」，外事曰「嗣王某」。臨諸侯，畛於鬼神，曰「有天王某甫」。崩，曰「天王崩」。復，曰「天子復」矣。告喪，曰「天王登假」。措之廟，立之主，曰「帝」。天子未除喪，曰「予小子」。生名之，死亦名之。

天子有后，有夫人，有世婦，有嬪，有妻，有妾。天子建天官，先六大，曰大宰、大宗、大史、大祝、大士、大卜，典司六典。天子之五官：曰司徒、司馬、司空、司士、司寇，典司五眾。天子之六府：曰司土、司木、司水、司草、司器、司貨，典司六職。天子之六工：曰土工、金工、石工、木工、獸工、草工，典制六材。五官致貢曰享。

五官之長曰伯：是職方。其擯於天子也，曰「天子之吏」。天子同姓謂之「伯父」；異姓謂之「伯舅」。自稱於諸侯曰「天子之老」；於外曰「公」；於其國曰「君」。九州之長，入天子之國曰「牧」。天子同姓，謂之「叔父」，異姓謂之「叔舅」，於外曰「侯」，於其國曰「君」。其在東夷、北狄、西戎、南蠻，雖大曰「子」。於內自稱曰「不穀」，於外自稱曰「王老」。庶方小侯，入天子之國曰「某人」，於外曰「子」，自稱曰「孤」。天子當依而立。諸侯北面而見天子，曰覲。天子當宁而立，諸公東面，諸侯西面，曰朝。

諸侯未及期相見曰遇，相見於郤地曰會。諸侯使大夫問於諸侯曰聘，約信曰誓，涖牲曰盟。

諸侯見天子曰「臣某侯某」，其與民言，自稱曰「寡人」。其在凶服，曰「適子孤」。臨祭祀，內事曰「孝子某侯某」，外事曰「曾孫某侯某」。死曰「薨」，復曰「某甫復矣」。既葬見天子曰類見。言謚曰類。諸侯使人使於諸侯，使者自稱曰「寡君之老」。天子穆穆，諸侯皇皇，大夫濟濟，士蹌蹌，庶人僬僬。天子之妃曰后，諸侯曰夫人，大夫曰孺人，士曰婦人，庶人曰妻。公、侯有夫人，有世婦，有妻，有妾。夫人自稱於天子曰「老婦」；自稱於諸侯曰「寡小君」；自稱於其君曰「小童」。自世婦以下，自稱曰「婢子」。子於父母則自名也。列國之大夫入天子之國曰「某士」，自稱曰「陪臣某」。於外曰「子」，於其國曰「寡君之老」。使（者）自稱曰「某」。

天子不言出，諸侯不生名。君子不親惡；諸侯失地，名；滅同姓，名。

為人臣之禮：不顯諫。三諫而不聽，則逃之。子之事親也：三諫而不聽，則號泣而隨之。

君有疾，飲藥，臣先嘗之。親有疾，飲藥，子先嘗之。醫不三世，不服其藥。儗人必於其倫。

問天子之年，對曰：「聞之，始服衣若干尺矣。」問國君之年：長，曰：「能從宗廟、社稷之事矣」；幼，曰：「未能從宗廟、社稷之事也」。問大夫之子：長，曰：「能御矣」；幼，曰：「未能御也」。問士之子：長，曰：「能典謁矣」；幼，曰：「未能典謁也」。問庶人之子：長，曰：「能負薪矣」；幼，曰：「未能負薪也」。

問國君之富，數地以對，山澤之所出。問大夫之富，曰：「有宰食力，祭器、衣服不假。」問士之富，以車數對。問庶人之富，數畜以對。

天子祭天地，祭四方，祭山川，祭五祀，歲徧。諸侯方祀。祭山川，祭五祀，歲徧。大夫祭五祀，歲徧。士祭其先。

凡祭，有其廢之，莫敢舉也；有其舉之，莫敢廢也。非其所祭而祭之，名曰淫祀。淫祀無福。

天子以犧牛，諸侯以肥牛，大夫以索牛，士以羊豕。支子不祭，祭必告于宗子。

凡祭宗廟之禮：牛曰一元大武，豕曰剛鬣，豚曰腯肥，羊曰柔毛，雞曰翰音，犬曰羹獻，雉曰疏趾，兔曰明視，脯曰尹祭，槁魚曰商祭，鮮魚曰脡祭，水曰清滌，酒曰清酌，黍曰薌合，（梁）〔粱〕曰薌萁，稷曰明粢，稻曰嘉蔬，韭曰豐本，鹽曰鹹鹺，玉曰嘉玉，幣曰量幣。

天子死曰「崩」，諸侯曰「薨」，大夫曰「卒」，士曰「不祿」，庶人曰「死」。在床曰尸，在棺曰柩。羽鳥曰降，四足曰漬。死寇曰兵。祭王父曰「皇祖考」，王母曰「皇祖妣」。父曰「皇考」，母曰「皇妣」。夫曰「皇辟」。生曰父，曰母，曰妻；死曰考，曰妣，曰嬪。壽考曰卒，短折曰不祿。

天子、視不上於袷，不下於帶；國君，綏視；大夫，衡視；士，視五步。凡視：上於面則敖，下於帶則憂，傾則姦。

君命，大夫與士肆。在官言官，在府言府，在庫言庫，在朝言朝。朝言不及犬馬。輟朝而顧，不有異事，必有異慮。故輟朝而顧，君子謂之固。在朝言禮，問禮，對以禮。大饗不問卜，不饒富。

凡摯，天子鬯，諸侯圭，卿羔，大夫鴈，士雉，庶人之摯匹；童子委摯而退。野外軍中無摯，以纓、拾、矢，可也。婦人之摯，椇、榛、脯、脩、棗、栗。

納女於天子，曰「備百姓」；於國君，曰「備酒漿」；於大夫，曰「備埽灑」。

檀弓上

公儀仲子之喪，檀弓免焉。仲子舍其孫而立其子，檀弓曰：「何居？我未之前聞也。」趨而就子服伯子於門右，曰：「仲子舍其孫而立其子，何也？」伯子曰：「仲子亦猶行古之道也。昔者文王舍伯邑考而立武王；微子舍其孫脤而立衍也；夫仲子亦猶行古之道也。」子游問諸孔子，孔子曰：「否！立孫。」

事親有隱而無犯，左右就養無方，服勤至死，致喪三年。事君有犯而無隱，左右就養有方，服勤至死，方喪三年。事師無犯無隱，左右就養無方，服勤至死，心喪三年。

季武子成寢，杜氏之葬在西階之下，請合葬焉，許之。入宮而不敢哭。武子曰：「合葬非古也，自周公以來，未之有改也。吾許其大而不許其細，何居？」命之哭。

子上之母死而不喪。門人問諸子思曰：「昔者子之先君子喪出母乎？」曰：「然。」「子之不使白也喪之。何也？」子思曰：「昔者吾先君子無所失道；道隆則從而隆，道污則從而污。伋則安能？為伋也妻者，是為白也母；不為伋也妻者，是不為白也母。」故孔氏之不喪出母，自子思始也。

孔子曰：「拜而后稽顙，頹乎其順也；稽顙而后拜，頎乎其至也。三年之喪，吾從其至者。

孔子既得合葬於防，曰：「吾聞之，古也墓而不墳；今丘也，東西南北之人也，不可以弗識也。」於是封之，崇四尺。孔子先反，門人後，雨甚，至，孔子問焉，曰：「爾來何遲也？」曰：「防墓崩。」孔子不應。三。孔子泫然流涕曰：「吾聞之：古不脩墓。」

孔子哭子路於中庭。有人弔者而夫子拜之。既哭，進使者而問故。使者曰：「醢之矣。」遂命覆醢。

曾子曰：「朋友之墓，有宿草而不哭焉。」

子思曰：「喪三日而殯，凡附於身者，必誠必信，勿之有悔焉耳矣。三月而葬，凡附於棺者，必誠必信，勿之有悔焉耳矣。喪三年以為極，亡則弗之忘矣。故君子有終身之憂，而無一朝之患。故忌日不樂。」

孔子少孤，不知其墓。殯於五父之衢。人之見之者，皆以為葬也。其慎也，蓋殯也。問於郰曼父之母，然後得合葬於防。

鄰有喪，春不相；里有殯，不巷歌。喪冠不緌。

有虞氏瓦棺，夏后氏堲周，殷人棺椁，周人牆置翣。周人以殷人之棺椁葬長殤，以夏后氏之堲周葬中殤、下殤，以有虞氏之瓦棺葬無服之殤。

夏后氏尚黑；大事斂用昏，戎事乘驪，（牡）〔牲〕用玄。殷人尚白：大事斂用日中，戎事乘翰，牲用白。周人尚赤；大事斂用日出，戎事乘騵。牲用騂。

穆公之母卒，使人問於曾子曰：「如之何？」對曰：「申也聞諸申之父曰：哭泣之哀，齊、斬之情，饘粥之食，自天子達。布幕，衛也；縿幕，魯也。」

晉獻公將殺其世子申生，公子重耳謂之曰：「子蓋言子之志於公乎？」世子曰：「不可，君安驪姬，是我傷公之心也。」曰：「然則蓋行乎？」世子曰：「不可，君謂我欲弒君也，天下豈有無父之國哉！吾何行如之？」使人辭於狐突曰：「申生有罪，不念伯氏之言也，以至于死，申生不敢愛其死，雖然，吾君老矣，子少，國家多難，伯氏不出而圖吾君，伯氏苟出而圖吾君，申生受賜而死。」再拜稽首，乃卒。是以為恭世子也。

魯人有朝祥而莫歌者，子路笑之。夫子曰：「由，爾責於人，終無已夫？三年之喪，亦已久矣夫。」子路出，夫子曰：「又多乎哉，踰月則其善也。」

魯莊公及宋人戰于乘丘。縣賁父御，卜國為右。馬驚，敗績，公隊。佐車授綏。公曰：「末之卜也。」縣賁父曰：「他日不敗績，而今敗績，是無勇也。」遂死之。圉人浴馬，有流矢在白肉。公曰：「非其罪也。」遂誄之。士之有誄，自此始也。

曾子寢疾，病。樂正子春坐於床下，曾元、曾申坐於足，童子隅坐而

執燭。童子曰：「華而睆，大夫之簀與？」子春曰：「止！」曾子聞之，瞿然曰：「呼！」曰：「華而睆，大夫之簀與？」曾子曰：「然，斯季孫之賜也，我未之能易也，元，起易簀。」曾元曰：「夫子之病革矣，不可以變，幸而至於旦，請敬易之。」曾子曰：「爾之愛我也不如彼；君子之愛人也以德，細人之愛人也以姑息。吾何求哉？吾得正而斃焉斯已矣。」舉扶而易之。反席未安而沒。

始死，充充如有窮；既殯，瞿瞿如有求而弗得；既葬，皇皇如有望而弗至。練而慨然，祥而廓然。

邾婁復之以矢，蓋自戰於升陘始也。魯婦人之髽而弔也，自敗於臺鮐始也。

南宮縚之妻之姑之喪，夫子誨之髽，曰：「爾毋從從爾，爾毋扈扈爾，蓋榛以為笄，長尺，而總八寸。

孟獻子禫，縣而不樂，比御而不入。夫子曰：「獻子加於人一等矣！」

孔子既祥，五日彈琴而不成聲，十日而成笙歌。

有子蓋既祥而絲屨、組纓。

死而不弔者三：畏、厭、溺。子路有姊之喪，可以除之矣，而弗除也，孔子曰：「何弗除也？」子路曰：「吾寡兄弟而弗忍也。」孔子曰：「先王制禮，行道之人皆弗忍也。」子路聞之，遂除之。

大公封於營丘，比及五世，皆反葬於周。君子曰：「樂樂其所自生，禮不忘其本。古之人有言曰：狐死正丘首，仁也。」

伯魚之母死，期而猶哭。夫子聞之，曰：「誰與哭者？」門人曰：「鯉也。」夫子曰：「嘻！其甚也。」伯魚聞之，遂除之。

舜葬於蒼梧之野，蓋三妃未之從也。季武子曰：「周公蓋祔。」曾子之喪，浴於爨室。

大功廢業。或曰：「大功誦可也。」

子張病，召申祥而語之曰：「君子曰終，小人曰死；吾今日其庶幾乎？」

曾子曰：「始死之奠，其餘閣也與？」曾子曰：「小功不為位也者，

是委巷之禮也。子思之哭嫂也為位，婦人倡踊；申祥之哭言思也亦
然。」

古者，冠縮縫，今也衡縫；故喪冠之反吉，非古也。曾子謂子思曰：
「伋，吾執親之喪也，水漿不入於口者七日。」子思曰：「先王之制
禮也，過之者俯而就之，不至焉者跂而及之。故君子之執親之喪也，
水漿不入於口者三日，杖而后能起。」

曾子曰：「小功不稅，則是遠兄弟終無服也，而可乎？

伯高之喪，孔氏之使者未至，冉子攝束帛、乘馬而將之。孔子曰：
「異哉，徒使我不誠〔禮〕於伯高。」伯高死於衛，赴於孔子，孔子
曰：「吾惡乎哭諸？兄弟，吾哭諸廟；父之友，吾哭諸廟門之外；師，
吾哭諸寢；朋友，吾哭諸寢門之外；所知，吾哭諸野。於野，則已疏；
於寢，則已重。夫由賜也見我，吾哭諸賜氏。」遂命子貢為之主，曰：
「為爾哭也來者，拜之；知伯高而來者。勿拜也。」

曾子曰：「喪有疾，食肉飲酒，必有草木之滋焉。以為薑桂之謂
也。」

子夏喪其子而喪其明。曾子弔之曰：「吾聞之也：朋友喪明則哭
之。」曾子哭，子夏亦哭，曰：「天乎！予之無罪也。」曾子怒曰：
「商，女何無罪也？吾與女事夫子於洙、泗之間，退而老於西河之上，
使西河之民疑女於夫子，爾罪一也；喪爾親，使民未有聞焉，爾罪二
也；喪爾子，喪爾明，爾罪三也。而曰女何無罪與！」子夏投其杖而
拜曰：「吾過矣！吾過矣！吾離群而索居亦已久矣。」

夫晝居於內，問其疾可也；夜居於外，弔之可也。是故君子非有大故，
不宿於外；非致齊也，非疾也，不晝夜居於內。

高子皋之執親之喪也，泣血三年，未嘗見齒，君子以為難。

衰，與其不當物也，寧無衰。齊衰不以邊坐，大功不以服勤。

孔子之衛，遇舊館人之喪，入而哭之哀。出，使子貢說驂而賻之。子
貢曰：「於門人之喪，未有所說驂，說驂於舊館，無乃已重乎？」夫
子曰：「予鄉者入而哭之，遇於一哀而出涕。予惡夫涕之無從也。小
子行之。

孔子在衛，有送葬者，而夫子觀之，曰：「善哉為喪乎！足以為法矣，小子識之。」子貢曰：「夫子何善爾也？」曰：「其往也如慕，其反也如疑。」子貢曰：「豈若速反而虞乎！」子曰：「小子識之，我未之能行也。」

顏淵之喪，饋祥肉，孔子出受之；入，彈琴而后食之。

孔子與門人立，拱而尚右，二三子亦皆尚右。孔子曰：「二三子之嗜學也，我則有姊之喪故也。」二三子皆尚左。

孔子蚤作，負手曳杖，消搖於門，歌曰：「泰山其頹乎，梁木其壞乎，哲人其萎乎，」既歌而入，當戶而坐。子貢聞之，曰：「泰山其頹，則吾將安仰？梁木其壞、哲人其萎，則吾將安放？夫子殆將病也。」遂趨而入。夫子曰：「賜！爾來何遲也？夏后氏殯於東階之上，則猶在阼也；殷人殯於兩楹之間，則與賓主夾之也；周人殯於西階之上，則猶賓之也。而丘也殷人也。予疇昔之夜，夢坐奠於兩楹之間。夫明王不興，而天下其孰能宗予，予殆將死也。」蓋寢疾七日而沒。孔子之喪，門人疑所服。子貢曰：「昔者夫子之喪顏淵〔也〕，若喪子而無服；喪子路亦然。請喪夫子若喪父而無服。」

孔子之喪，公西赤為志焉：飾棺、牆置翣設披，周也；設崇，殷也；綢練設旐，夏也。

子張之喪，公明儀為志焉。褚幕丹質，蟻結于四隅，殷士也。

子夏問於孔子曰：「居父母之仇如之何？」夫子曰：「寢苦枕干，不仕，弗與共天下也；遇諸市朝，不反兵而鬥。」曰：「請問居昆弟之仇如之何？」曰：「仕弗與共國；銜君命而使，雖遇之不鬥。」曰：「請問居從父、昆弟之仇如之何？」曰：「不為魁，主人能，則執兵而陪其後。」

孔子之喪，二三子皆絰而出。群居則絰，出則否。

易墓、非古也。

子路曰：「吾聞諸夫子：『喪禮，與其哀不足而禮有餘也，不若禮不足而哀有餘也。祭禮，與其敬不足而禮有餘也，不若禮不足而敬有餘也。』」

曾子弔於負夏，主人既祖，填池，推柩而反之，降婦人而后行禮。從者曰：「禮與？」曾子曰：「夫祖者且也；且、胡為其不可以反宿也。」從者又問諸子游曰：「禮與？」子游曰：「飯於牖下，小斂於戶內，大斂於阼，殯於客位，祖於庭，葬於墓，所以即遠也。故喪事有進而無退。」曾子聞之曰：「多矣乎，予出祖者。

曾子襲裘而弔，子游裼裘而弔。曾子指子游而示人曰：「夫夫也，為習於禮者，如之何其裼裘而弔也。」主人既小斂，袒、括髮；子游趨而出，襲裘、帶、絰而入。曾子曰：「我過矣，我過矣，夫夫是也。」

子夏既除喪而見，予之琴，和之〔而〕不和，彈之而不成聲。作而曰：「哀未忘也。先王制禮，而弗敢過也。」子張既除喪而見，予之琴，和之而和，彈之而成聲，作而曰：「先王制禮，不敢不至焉。」

司寇惠子之喪，子游為之麻衰，牡麻絰，文子辭曰：「子辱與彌牟之弟游，又辱為之服，敢辭。」子游曰：「禮也。」文子退，反哭。子游趨而就諸臣之位，文子又辭曰：「子辱與彌牟之弟游，又辱為之服，又辱臨其喪，敢辭。」子游曰：「固以請。」文子退，扶適子南面而立，曰：「子辱與彌牟之弟游，又辱為之服，又辱臨其喪，虎也敢不復位。」子游趨而就客位。

將軍文子之喪，既除喪，而后越人來弔，主人深衣、練冠，待于廟，垂涕洟，子游觀之曰：「將軍文氏之子其庶幾乎！亡於禮者之禮也，其動也中。」

幼名，冠字，五十以伯仲，死諡，周道也。絰也者，實也。掘中霤而浴，毀竈以綴足；及葬，毀宗躐行，出于大門，殷道也。學者行之。

子柳之母死，子碩請具。子柳曰：「何以哉？」子碩曰：「請粥庶弟之母。」子柳曰：「如之何其粥人之母以葬其母也。不可。」既葬，子碩欲以賻布之餘具祭器。子柳曰：「不可，吾聞之也，君子不家於喪，請班諸兄弟之貧者。」

君子曰：「謀人之軍師，敗則死之；謀人之邦邑，危則亡之。」

公叔文子升於瑕丘，蘧伯玉從。文子曰：「樂哉斯丘也，死則我欲葬

焉。」蘧伯玉曰：「吾子樂之，則瑗請前。」

弁人有其母死而孺子泣者，孔子曰：「哀則哀矣，而難為繼也。夫禮，為可傳也，為可繼也。故哭踊有節。」

叔孫武叔之母死，既小斂，舉者出戶，出戶袒，且投其冠，括髮。子游曰：「知禮。

扶君，卜人師扶右，射人師扶左；君薨以是舉。

從母之夫，舅之妻，二夫人相為服，君子未之言也。或曰，同爨緦喪事欲其縱縱爾，吉事欲其折折爾。故喪事雖遽不陵節，吉事雖止不怠。故騷騷爾則野，鼎鼎爾則小人，君子蓋猶猶爾。

喪具，君子恥具。一日二日而可為也者，君子弗為也。

喪服，兄弟之子猶子也，蓋引而進之也。嫂叔之无服也，蓋推而遠之也。姑姊妹之薄也，蓋有受我而厚之者也。

食於有喪者之側，未嘗飽也。

曾子與客立於門側，其徒趨而出。曾子曰：「爾將何之？」曰：「吾父死，將出哭於巷。」曰：「反哭於爾次。」曾子北面而吊焉。

孔子曰：「之死而致死之，不仁而不可為也。之死而致生之，不知而不可為也。是故竹不成用，瓦不成味，木不成斫，琴瑟張而不平，竽笙備而不和，有鐘磬而无簨虡。其曰明器，神明之也。

有子問於曾子曰：「問喪於夫子乎？」曰：「聞之矣，喪欲速貧，死欲速朽。」有子曰：「是非君子之言也。」曾子曰：「參也聞諸夫子也。」有子又曰：「是非君子之言也。」曾子曰：「參也與子游聞之。」有子曰：「然，然則夫子有為言之也。」曾子以斯言告於子游。子游曰：「甚哉！有子之言似夫子也。昔者夫子居於宋，見桓司馬自為石椁，三年而不成。夫子曰：‘若是其靡也，死不如速朽之愈也。’死之欲速朽，為桓司馬言之也。南宮敬叔反，必載寶而朝。夫子曰：‘若是其貨也，喪不如速貧之愈也。’喪之欲速貧，為敬叔言之也。」曾子以子游之言告於有子，有子曰：「然，吾固曰非夫子之言也。」曾子曰：「子何以知之？」有子曰：「夫子制於中都，四寸之棺，五寸之椁，以斯知不欲速朽也。昔者夫子失魯司寇，將之荊，

盖先之以子夏，又申之以冉有，以斯知不欲速贫也。

陈庄子死，赴于鲁，鲁人欲勿哭，缪公召县子而问焉。县子曰：「古之大夫，束修之问不出竟，虽欲哭之，安得而哭之？今之大夫，交政于中国，虽欲勿哭，焉得而弗哭？且且臣闻之，哭有二道：有爱而哭之，有畏而哭之。」公曰：「然，然则如之何而可？」县子曰：「请哭诸异姓之庙。」于是与哭诸县氏。

仲宪言于曾子曰：「夏后氏用明器，示民无知也；殷人用祭器，示民有知也；周人兼用之，示民疑也。」曾子曰：「其不然乎！其不然乎！夫明器，鬼器也；祭器，人器也；夫古之人，胡为而死其亲乎？

公叔木有同母异父之昆弟死，问于子游。子游曰：「其大功乎？」狄仪有同母异父之昆弟死，问于子夏，子夏曰：「我未之前闻也；鲁人则为之齐衰。」狄仪行齐衰。今之齐衰，狄仪之问也。

子思之母死于卫，柳若谓子思曰：「子，圣人之后也，四方于子乎观礼，子盖慎诸。」子思曰：「吾何慎哉？吾闻之：有其礼，无其财，君子弗行也；有其礼，有其财，无其时，君子弗行也。吾何慎哉！

县子琐曰：「吾闻之：古者不降，上下各以其亲。滕伯文为孟虎齐衰，其叔父也；为孟皮齐衰，其叔父也。

后木曰：「丧，吾闻诸县子曰：夫丧，不可不深长思也，买棺外内易，我死则亦然。

曾子曰：「尸未设饰，故帷堂，小敛而彻帷。」仲梁子曰：「夫妇方乱，故帷堂，小敛而彻帷。

小敛之奠，子游曰：「于东方。」曾子曰：「于西方，敛斯席矣。」小敛之奠在西方，鲁礼之末失也。

县子曰：「綌衰繐裳，非古也。

子蒲卒，哭者呼灭。子皋曰：「若是野哉。」哭者改之。

杜桥之母之丧，宫中无相，以为沽也。

夫子曰：「始死，羔裘玄冠者，易之而已。」羔裘玄冠，夫子不以吊。

子游问丧具，夫子曰：「称家之有亡。」子游曰：「有亡恶乎齐？」

夫子曰：「有，毋过礼；苟亡矣，敛首足形，还葬，县棺而封，人岂有非之者哉！

司士贲告于子游曰：「请袭于床。」子游曰：「诺。」县子闻之曰：「汏哉叔氏！专以礼许人。

宋襄公葬其夫人，醯醢百瓮。曾子曰：「既曰明器矣，而又实之。

孟献子之丧，司徒旅归四布。夫子曰：「可也。

读赗，曾子曰：「非古也，是再告也。

成子高寝疾，庆遗入，请曰：「子之病帮矣，如至乎大病，则如之何？」子高曰：「吾闻之也：生有益于人，死不害于人。吾纵生无益于人，吾可以死害于人乎哉？我死，则择不食之地而葬我焉。

子夏问诸夫子曰：「居君之母与妻之丧。」「居处、言语、饮食衎尔。

宾客至，无所馆。夫子曰：「生于我乎馆，死于我乎殡。

国子高曰：「葬也者，藏也；藏也者，欲人之弗得见也。是故，衣足以饰身，棺周于衣，椁周于棺，土周于椁；反壤树之哉。

孔子之丧，有自燕来观者，舍于子夏氏。子夏曰：「圣人之葬人与？人之葬圣人也。子何观焉？昔者夫子言之曰：'吾见封之若堂者矣，见若坊者矣，见若覆夏屋者矣，见若斧者矣。'从若斧者焉。马鬣封

之谓也。今一日而三斩板，而已封，尚行夫子之志乎哉！

妇人不葛带。

有荐新，如朔奠。

既葬，各以其服除。

池视重溜。

君即位而为椑，岁一漆之，藏焉。

复、楔齿、缀足、饭、设饰、帷堂并作。

父兄命赴者。君复于小寝、大寝，小祖、大祖，库门、四郊。

丧不剥，奠也与？祭肉也与？

既殡，旬而布材与明器。

朝奠日出，夕奠逮日。

父母之丧，哭无时，使必知其反也。

练，练衣黄里、縓缘，葛要绖，绳屦无绚，角瑱，鹿裘衡长袪，袪裼之可也。

有殡，闻远兄弟之丧，虽缌必往；非兄弟，虽邻不往。所识其兄弟不同居者皆吊。

天子之棺四重；水兕革棺被之，其厚三寸，杝棺一，梓棺二，四者皆周。棺束缩二衡三，衽每束一。伯椁以端长六尺。

天子之哭诸侯也，爵弁绖缁衣；或曰：使有司哭之，为之不以乐食。

天子之殡也，菆涂龙輴以椁，加斧于椁上，毕涂屋，天子之礼也。

唯天子之丧，有别姓而哭。

鲁哀公诔孔丘曰：「天不遗耆老，莫相予位焉，呜呼哀哉！尼父！

国亡大县邑，公、卿、大夫、士皆厌冠，哭于大庙，三日，君不举。

或曰：君举而哭于后土。

孔子恶野哭者。

未仕者，不敢税人；如税人，则以父兄之命。

士备入而后朝夕踊。

祥而缟，是月禫，徙月乐。

君于士有賜帟。

檀弓下

君之適長殤，車三乘；公之庶長殤，車一乘；大夫之適長殤，車一乘。

公之喪，諸達官之長，杖。

君於大夫，將葬，弔於宮，及出，命引之，三步則止，如是者三，君退；朝亦如之，哀次亦如之。

五十無車者，不越疆而弔人。

季武子寢疾，蟜固不說齊衰而入見，曰：「斯道也，將亡矣；士唯公門說齊衰。」武子曰：「不亦善乎，君子表微。」及其喪也，曾點倚其門而歌。

大夫弔，當事而至，則辭焉。弔於人，是日不樂。婦人不越疆而弔人。行弔之日不飲酒食肉焉。弔於葬者必執引，若從柩，及壙，皆執紼。

喪，公弔之，必有拜者，雖朋友、州里、舍人可也。弔曰：「寡君承事。」主人曰：「臨。」君遇柩於路，必使人弔之。大夫之喪，庶子不受弔。

妻之昆弟為父後者死，哭之適室，子為主，袒免哭踊，夫入門右，使人立于門外告來者，狎則入哭；父在，哭於妻之室；非為父後者，哭諸異室。

有殯，聞遠兄弟之喪，哭于側室；無側室，哭于門內之右；同國，則往哭之。

子張死，曾子有母之喪；齊衰而往哭之。或曰：「齊衰不以弔。」曾子曰：「我弔也與哉？」

有若之喪，悼公弔焉，子游擯，由左。

齊穀王姬之喪，魯莊公為之大功。或曰：「由魯嫁，故為之服姊妹之服」；或曰：「外祖母也，故為之服。

晉獻公之喪，秦穆公使人弔公子重耳，且曰：「寡人聞之，亡國恆於斯，得國恆於斯，雖吾子儼然在憂服之中，喪亦不可久也，時亦不可失也。孺子其圖之。」以告舅犯，舅犯曰：「孺子其辭焉；喪人無寶，

仁親以為寶。父死之謂何？又因以為利，而天下其孰能說之？孺子其辭焉。」公子重耳對客曰：「君惠弔亡臣重耳，身喪父死，不得與於哭泣之哀，以為君憂，父死之謂何？或敢有他志，以辱君義。」稽顙而不拜，哭而起，起而不私。子顯以致命於穆公。穆公曰：「仁夫公子重耳！夫稽顙而不拜，則未為後也，故不成拜。哭而起，則愛父也；起而不私，則遠利也。

帷殯，非古也，自敬姜之哭穆伯始也。
喪禮，哀戚之至也，節哀，順變也；君子念始之者也。復，盡愛之道也，有禱祠之心焉；望反諸幽，求諸鬼神之道也；北面，求諸幽之義也。拜稽顙，哀戚之至隱也；稽顙，隱之甚也。飯用米、貝，弗忍虛也；不以食道，用美焉爾。銘，明旌也，以死者為不可別已，故以其旗〔識〕識之。愛之，斯錄之矣；敬之，斯盡其道焉耳。重，主道也，殷主綴重焉；周主重徹焉。奠以素器，以生者有哀素之心也；唯祭祀之禮，主人自盡焉爾；豈知神之所饗，亦以主人有齊敬之心也。辟踊，哀之至也，有筭，為之節文也。袒、括髮，變也；慍，哀之變也。去飾，去美也；袒、括髮，去飾之甚也。有所袒、有所襲，哀之節也。弁絰葛而葬，與神交之道也，有敬心焉。周人弁而葬，殷人冔而葬。歠主人、主婦、室老，為其病也，君命食之也。反哭升堂，反諸其所作也；主婦入于室，反諸其所養也。反哭之弔也，哀之至也，反而亡焉，失之矣，於是為甚。殷既封而弔，周反哭而弔。孔子曰：「殷已慤，吾從周。」葬於北方，北首，三代之達禮也，之幽之故也。既封，主人贈，而祝宿虞尸。既反哭，主人與有司視虞牲，有司以几筵舍奠於墓左，反，日中而虞。葬日虞，弗忍一日離也。是月也，以虞易奠。卒哭曰「成事」，是日也，以吉祭易喪祭，明日，祔于祖父。其變而之吉祭也，比至於祔，必於是日也接，不忍一日末有所歸也。殷練而祔，周卒哭而祔。孔子善殷。
君臨臣喪，以巫、祝、桃、茢、執戈，惡之也；所以異於生也。
喪有死之道焉。先王之所〔以〕難言也。
喪之朝也，順死者之孝心也，其哀離其室也，故至於祖、考之廟而后

行。殷朝而殯於祖，周朝而遂葬。

孔子謂：為明器者，知喪道矣，備物而不可用也。哀哉！死者而用生者之器也。不殆於用殉乎哉。其曰明器，神明之也。塗車芻靈，自古有之，明器之道也。孔子謂為芻靈者善，謂為俑者不仁，〔不〕殆於用人乎哉。

穆公問於子思曰：「為舊君反服，古與？」子思曰：「古之君子，進人以禮，退人以禮，故有舊君反服之禮也；今之君子，進人若將加諸膝，退人若將隊諸淵，毋為戎首，不亦善乎！又何反服（之禮）之有。」

悼公之喪，季昭子問於孟敬子曰：「為君何食？」敬子曰：「食粥，天下之達禮也。吾三臣者之不能居公室也，四方莫不聞矣，勉而為瘠，則吾能，毋乃使人疑夫不以情居瘠者乎哉？我則食食。」

衛司徒敬子死，子夏弔焉，主人未小斂，絰而往。子游弔焉，主人既小斂，子游出絰，反哭。子夏曰：「聞之也與？」曰：「聞諸夫子，主人未改服則不絰。」

曾子曰：「晏子可謂知禮也已，恭敬之有焉。」有若曰：「晏子一狐裘三十年，遣車一乘，及墓而反，國君七个，遣車七乘；大夫五个，遣車五乘，晏子焉知禮？」曾子曰：「國無道，君子恥盈禮焉；國奢，則示之以儉；國儉，則示之以禮。」

國昭子之母死，問於子張曰：「葬及墓，男子、婦人安位？」子張曰：「司徒敬子之喪，夫子相，男子西鄉，婦人東鄉。」曰：「噫！毋。」曰：「我喪也斯沾。爾專之，賓為賓焉，主為主焉，婦人從男子皆西鄉。

穆伯之喪，敬姜晝哭；文伯之喪，晝夜哭。孔子曰：「知禮矣。」文伯之喪，敬姜據其床而不哭，曰：「昔者吾有斯子也，吾以將為賢人也，吾未嘗以就公室；今及其死也，朋友諸臣未有出涕者，而內人皆行哭失聲。斯子也，必多曠於禮矣夫。

季康子之母死，陳褻衣。敬姜曰：「婦人不飾，不敢見舅姑，將有四

方之賓來，褻衣何為陳於斯。」命徹之。

有子與子游立，見孺子慕者，有子謂子游曰：「予壹不知夫喪之踊也，予欲去之久矣。情在於斯，其是也夫？」子游曰：「禮：有微情者，有以故興物者；有直情而徑行者，戎狄之道也。禮道則不然，人喜則斯陶，陶斯詠，詠斯猶，猶斯舞，舞斯慍，慍斯戚，戚斯歎，歎斯辟，辟斯踊矣，品節斯，斯之謂禮。人死，斯惡之矣，無能也，斯倍之矣。是故制絞、衾，設蔞、翣，為使人勿惡也。始死，脯、醢之奠；將行，遣而行之，既葬而食之，未有見其饗之者也；自上世以來，未之有舍也，為使人勿倍也。故子之所刺於禮者，亦非禮之訾也。」

吳侵陳，斬祀殺厲，師還出竟，陳大宰嚭使於師。夫差謂行人儀曰：「是夫也多言，盍嘗問焉；師必有名，人之稱斯師也者，則謂之何？」大宰嚭曰：「古之侵伐者，不斬祀、不殺厲、不獲二毛；今斯師也，殺厲與？其不謂之殺厲之師與？」曰：「反爾地，歸爾子，則謂之何？」曰：「君王討敝邑之罪，又矜而赦之，師與，有無名乎？」

顏丁善居喪；始死，皇皇焉如有求而弗得，及殯，望望焉如有從而弗及，既葬，慨焉如不及其反而息。

子張問曰：「《書》云：『高宗三年不言，言乃讙。』有諸？」仲尼曰：「胡為其不然也？古者天子崩，王世子聽於冢宰三年。」

知悼子卒，未葬，平公飲酒，師曠、李調侍，鼓鐘。杜蕢自外來，聞鐘聲，曰：「安在？」曰：「在寢」，杜蕢入寢，歷階而升，酌，曰：「曠飲斯。」又酌，曰：「調飲斯。」又酌，堂上北面坐飲之。降，趨而出。平公呼而進之，曰：「蕢，曩者爾心或開予，是以不與爾言；爾飲曠何也？」曰：「子、卯不樂；知悼子在堂，斯其為子、卯也大矣。曠也大師也，不以詔，是以飲之也。」「爾飲調何也？」曰：「調也君之褻臣也，為一飲一食，亡君之疾，是以飲之也。」「爾飲何也？」曰：「蕢也宰夫也，非刀匕是共，又敢與知防，是以飲之也。」平公曰：「寡人亦有過焉，酌而飲寡人。」杜蕢洗而揚觶。公謂侍者曰：「如我死，則必無廢斯爵也。」至于今，既畢獻，斯揚觶，謂之杜舉。

公叔文子卒，其子戍請諡於君，曰：「日月有時，將葬矣。請所以易其名者。」君曰：「昔者衛國凶饑，夫子為粥與國之餓者，是不亦惠乎？昔者衛國有難，夫子以其死衛寡人，不亦貞乎？夫子聽衛國之政，脩其班制，以與四鄰交，衛國之社稷不辱，不亦文乎？故謂夫子貞惠文子。」

石駘仲卒，無適子，有庶子六人，卜所以為後者。曰：「沐浴佩玉則兆。」五人者皆沐浴佩玉；石祁子曰：「孰有執親之喪而沐浴佩玉者乎？」不沐浴佩玉。石祁子兆。衛人以龜為有知也。

陳子車死於衛，其妻與其家大夫謀以殉葬，定而后陳子亢至，以告曰：「夫子疾，莫養於下，請以殉葬。」子亢曰：「以殉葬，非禮也；雖然，則彼疾當養者孰若妻與宰？得已，則吾欲已；不得已，則吾欲以二子者之為之也。」於是弗果用。

子路曰：「傷哉貧也，生無以為養，死無以為禮也。」孔子曰：「啜菽飲水盡其歡，斯之謂孝；斂手足形，還葬而無椁，稱其財，斯之謂禮。」

衛獻公出奔，反於衛，及郊，將班邑於從者而后入。柳莊曰：「如皆守社稷，則孰執羈靮而從；如皆從，則孰守社稷？君反其國而有私也，毋乃不可乎？」弗果班。

衛有大史曰柳莊，寢疾。公曰：「若疾革，雖當祭必告。」公再拜稽首請於尸曰：「有臣柳莊也者，非寡人之臣，社稷之臣也，聞之死，請往。」不釋服而往，遂以襚之。與之邑裘氏與縣潘氏，書而納諸棺，曰：「世世萬子孫無變也。」

陳乾昔寢疾，屬其兄弟，而命其子尊已曰：「如我死，則必大為我棺，使吾二婢子夾我。」陳乾昔死，其子曰：「以殉葬，非禮也，況又同棺乎？」弗果殺。

仲遂卒于垂；壬午猶繹，《萬》入去《籥》。仲尼曰：「非禮也，卿卒不繹。」

季康子之母死，公輸若方小，斂，般請以機封，將從之，公肩假曰：「不可！夫魯有初，公室視豐碑，三家視桓楹。般，爾以人之母嘗巧，則豈不得以？其毋以嘗巧者乎？則病者乎？噫！」弗果從。

28

戰于郎，公叔禺人遇負杖入保者息，曰：「使之雖病也，任之雖重也，君子不能為謀也，士弗能死也。不可！我則既言矣。」與其鄰重汪踦往，皆死焉。魯人欲勿殤重汪踦，問於仲尼。仲尼曰：「能執干戈以衛社稷，雖欲勿殤也，不亦可乎！」

子路去魯，謂顏淵曰：「何以贈我？」曰：「吾聞之也：去國則哭于墓而后行，反其國不哭，展墓而入。」謂子路曰：「何以處我？」子路曰：「吾聞之也，過墓則式，過祀則下。」

工尹商陽與陳棄疾追吳師，及之。陳棄疾謂工尹商陽曰：「王事也，子手弓而可。」手弓。「子射諸。」射之，斃一人，韔弓。又及，謂之，又斃二人。每斃一人，揜其目。止其御曰：「朝不坐，燕不與，殺三人，亦足以反命矣。」孔子曰：「殺人之中，又有禮焉。」

諸侯伐秦，曹桓公卒于會。諸侯請含，使之襲。

襄公朝于荊，康王卒。荊人曰：「必請襲。」魯人曰：「非禮也。」荊人強之。巫先拂柩。荊人悔之。

滕成公之喪，使子叔敬叔弔，進書，子服惠伯為介。及郊，為懿伯之忌不入。惠伯曰：「政也，不可以叔父之私不將公事。」遂入。

哀公使人弔蕢尚，遇諸道。辟於路，畫宮而受弔焉。曾子曰：「蕢尚不如杞梁之妻之知禮也。齊莊公襲莒于奪，杞梁死焉。其妻迎其柩於路而哭之哀。莊公使人弔之。對曰：『君之臣不免於罪，則將肆諸市朝，而妻妾執；君之臣免於罪，則有先人之敝廬在。君無所辱命。』」

孺子☒喪，哀公欲設撥，問於有若，有若曰：「其可也，君之三臣猶設之。」顏柳曰：「天子龍輴而椁幬，諸侯輴而設幬，為榆沈故設撥；三臣者廢輴而設撥，竊禮之不中者也，而君何學焉。

悼公之母死，哀公為之齊衰。有若曰：「為妾齊衰，禮與？」公曰：「吾得已乎哉？魯人以妻我。」

季子皋葬其妻，犯人之禾，申祥以告，曰：「請庚之。」子皋曰：「孟氏不以是罪予，朋友不以是棄予，以吾為邑長於斯也，買道而葬，後難繼也。」

仕而未有祿者，君有饋焉曰獻；使焉曰寡君；違而君薨，弗為服也。
虞而立尸，有几筵。卒哭而諱，生事畢而鬼事始已。既卒哭，宰夫執
木鐸以命于宮曰：「舍故而諱新。」自寢門至于庫門。
二名不偏諱，夫子之母名徵在；言在不稱徵，言徵不稱在。
軍有憂，則素服哭於庫門之外，赴車不載櫜韔。
有焚其先人之室，則三日哭。故曰：「新宮火，亦三日哭。」
孔子過泰山側，有婦人哭於墓者而哀，夫子式而聽之。使子（路）
〔貢〕問之曰：「子之哭也，壹似重有憂者。」而曰：「然，昔者吾
舅死於虎，吾夫又死焉，今吾子又死焉。」夫子曰：「何為不去
也？」曰：「無苛政。」夫子曰：「小子識之，苛政猛於虎也。」
魯人有周豐也者，哀公執摯請見之。而曰「不可」。公曰：「我其已
夫。」使人問焉。曰：「有虞氏未施信於民而民信之，夏后氏未施敬
於民而民敬之，何施而得斯於民也？」對曰：「墟墓之間，未施哀於
民而民哀；社稷宗廟之中，未施敬於民而民敬。殷人作誓而民始畔，
周人作會而民始疑。苟無禮義、忠信、誠慤之心以涖之，雖固結之，
民其不解乎？」
喪不慮居，毀不危身。喪不慮居，為無廟也；毀不危身，為無後也。
延陵季子適齊，於其反也，其長子死，葬於嬴博之間。孔子曰：「延
陵季子，吳之習於禮者也。」往而觀其葬焉。其坎深不至於泉，其斂
以時服。既葬而封，廣輪揜坎，其高可隱也。既封，左袒，右還其封
且號者三，曰：「骨肉歸復于土，命也。若魂氣則無不之也，無不之
也。」而遂行。孔子曰：「延陵季子之於禮也，其合矣乎。

邾婁考公之喪，徐君使容居來弔含，曰：「寡君使容居坐含，進侯玉，
其使容居以含。」有司曰：「諸侯之來辱敝邑者，易則易，于則于，
易、于雜者未之有也。」容居對曰：「容居聞之：事君不敢忘其君，
亦不敢遺其祖。昔我先君駒王西討濟於河，無所不用斯言也。容居，
魯人也，不敢忘其祖。」子思之母死於衛，赴於子思，子思哭於廟。
門人至，曰：「庶氏之母死，何為哭於孔氏之廟乎？」子思曰：「吾
過矣，吾過矣。」遂哭於他室。

天子崩，三日祝先服，五日官長服，七日國中男女服，三（日）〔月〕天下服。虞人致百祀之木，可以為棺椁者斬之，不至者，廢其祀，刻其人。

齊大饑，黔敖為食於路，以待餓者而食之。有餓者蒙袂輯屨貿貿然來。黔敖左奉食，右執飲，曰：「嗟！來食。」〔餓者〕揚其目而視之，曰：「予唯不食嗟來之食，以至於斯也。」從而謝焉；終不食而死。曾子聞之，曰：「微與？其嗟也可去，其謝也可食。」

邾婁定公之時，有弒其父者。有司以告，公瞿然失席曰：「是寡人之罪也。」曰：「寡人嘗學斷斯獄矣：臣弒君，凡在官者殺無赦；子弒父，凡在宮者殺無赦。殺其人，壞其室，洿其宮而豬焉。蓋君踰月而后舉爵。

晉獻文子成室，晉大夫發焉。張老曰：「美哉輪焉，美哉奐焉！歌於斯，哭於斯，聚國族於斯。」文子曰：「武也得歌於斯，哭於斯，聚國族於斯，是全要領以從先大夫於九京也。」北面再拜稽首。君子謂之善頌善禱。

仲尼之畜狗死，使子貢埋之，曰：「吾聞之也，敝帷不棄，為埋馬也；敝蓋不棄，為埋狗也。丘也貧，無蓋；於其封也，亦予之席，毋使其首陷焉。」路馬死，埋之以帷。

季孫之母死，哀公弔焉，曾子與子貢弔焉，閽人為君在，弗內也。曾子與子貢入於其廄而脩容焉。子貢先入，閽人曰：「鄉者已告矣。」曾子後入，閽人辟之。涉內霤，卿大夫皆辟位，公降一等而揖之。君子言之曰：「盡飾之道，斯其行者遠矣。

陽門之介夫死，司城子罕入而哭之哀。晉人之覘宋者反報於晉侯曰：「陽門之介夫死，而子罕哭之哀，而民說，殆不可伐也。」孔子聞之曰：「善哉覘國乎！《詩》云：『凡民有喪，扶服救之。』雖微晉而已，天下其孰能當之。」

魯莊公之喪，既葬，而絰不入庫門。士大夫既卒哭，麻不入。

孔子之故人曰原壤，其母死，夫子助之沐椁。原壤登木曰：「久矣予

之不（托）〔託〕於音也。」歌曰：「貍首之班然，執女手之卷然。」夫子為弗聞也者而過之，從者曰：「子未可以已乎？」夫子曰：「丘聞之，親者毋失其為親也，故者毋失其為故也。」

趙文子與叔譽觀乎九原。文子曰：「死者如可作也，吾誰與歸？」叔譽曰：「其陽處父乎？」文子曰：「行并植於晉國，不沒其身，其知不足稱也。」「其舅犯乎？」文子曰：「見利不顧其君，其仁不足稱也。我則隨武子乎，利其君不忘其身，謀其身不遺其友。」晉人謂文子知人。文子其中退然如不勝衣，其言吶吶然如不出〔諸〕其口；所舉於晉國管庫之士七十有餘家，生不交利，死不屬其子焉。

叔仲皮學子柳。叔仲皮死，其妻魯人也，衣衰而繆絰。叔仲衍以告，請繐衰而環絰，曰：「昔者吾喪姑姊妹亦如斯，末吾禁也。」退，使其妻繐衰而環絰。

成人有其兄死而不為衰者，聞子皋將為成宰，遂為衰。成人曰：「蠶則績而蟹有匡，范則冠而蟬有緌，兄則死而子皋為之衰。」

樂正子春之母死，五日而不食。曰：「吾悔之，自吾母而不得吾情，吾惡乎用吾情。」

歲旱，穆公召縣子而問然，曰：「天久不雨，吾欲暴尫而奚若？」曰：「天久不雨，而暴人之疾子，虐，毋乃不可與？」「然則吾欲暴巫而奚若？」曰：「天則不雨，而望之愚婦人，於以求之，毋乃已疏乎？」「徙市則奚若？」曰：「天子崩，巷市七日；諸侯薨，巷市三日。為之徙市，不亦可乎。

孔子曰：「衛人之祔也，離之；魯人之祔也，合之，善夫。」

王制

王者之制祿爵，公侯伯子男，凡五等。諸侯之上大夫卿，下大夫，上士，中士，下士，凡五等。天子之田方千里，公侯田方百里，伯七十里，子男五十里。不能五十里者，不合於天子，附於諸侯曰附庸。天子之三公之田視公侯，天子之卿視伯，天子之大夫視子男，天子之元士視附庸。

制：農田百畝。百畝之分：上農夫食九人，其次食八人，其次食七人，其次食六人；下農夫食五人。庶人在官者，其祿以是為差也。諸侯之下士視上農夫。祿足以代其耕也。中士倍下士，上士倍中士，下大夫倍上士；卿，四大夫祿；君，十卿祿。次國之卿，三大夫祿；君，十卿祿。小國之卿，倍大夫祿，君，十卿祿。

次國之上卿，位當大國之中，中當其下，下當其上大夫。小國之上卿，位當大國之下卿，中當其上大夫，下當其下大夫，其有中士下士者，數各居其上之三分。

凡四海之內九州，州方千里。州，建百里之國三十，七十里之國六十，五十里之國百有二十，凡二百一十國；名山大澤不以封，其餘以為附庸間田。八州，州二百一十國。

天子之縣內，方百里之國九，七十里之國二十有一，五十里之國六十有三，凡九十三國；名山大澤不以盼，其餘以祿士，以為間田。

凡九州，千七百七十三國。天子之元士，諸侯之附庸不與。

天子百里之內以共官，千里之內以為御。

千里之外，設方伯。五國以為屬，屬有長。十國以為連，連有帥。三十國以為卒，卒有正。二百一十國以為州，州有伯。八州八伯，五十六正，百六十八帥，三百三十六長。八伯各以其屬屬於天子之老二人，分天下以為左右，曰二伯。

千里之內曰甸，千里之外曰采，曰流。

天子：三公，九卿，二十七大夫，八十一元士。

大國：三卿；皆命於天子；下大夫五人，上士二十七人。

次國：三卿；二卿命於天子，一卿命於其君；下大夫五人，上士二十七人。

小國：二卿；皆命於其君；下大夫五人，上士二十七人。

天子使其大夫為三監，監於方伯之國，國三人。天子之縣內諸侯，祿也；

外諸侯，嗣也。

制：三公，一命卷；若有加，則賜也。不過九命。次國之君，不過七命；小國之君，不過五命。

大國之卿，不過三命；下卿再命，小國之卿與下大夫一命。

凡官民材，必先論之。論辨然後使之，任事然後爵之，位定然後祿之。爵人於朝，與士共之。刑人於市，與眾棄之。是故公家不畜刑人，大夫弗養，士遇之塗弗與言也；屏之四方，唯其所之，不及以政，亦弗（故）〔欲〕生也。

諸侯之於天子也，比年一小聘，三年一大聘，五年一朝。

天子五年一巡守：

歲二月，東巡守，至于岱宗，柴而望祀山川；覲諸侯；問百年者，就見之。命大師陳詩以觀民風，命市納賈以觀民之所好惡。志淫好辟。命典禮考時月，定日，同律，禮樂制度衣服正之。山川神（祇）〔祇〕，有不舉者，為不敬；不敬者，君削以地。宗廟，有不順者，為不孝；不孝者，君絀以爵。變禮易樂者，為不從；不從者，君流。革制度衣服者，為畔，畔者君討。有功德於民者，加地進律。五月，南巡守，至于南嶽，如東巡守之禮。八月，西巡守，至于西嶽，如南巡守之禮。十有一月，北巡守，至于北嶽，如西巡守之禮。歸假于祖、禰，用特。

天子將出，類乎上帝，宜乎社，造乎禰，諸侯將出，宜乎社，造乎禰。

天子無事與諸侯相見曰朝，考禮、正刑、一德，以尊于天子。天子賜諸侯樂，則以柷將之；賜伯子男樂，則以鼗將之。

諸侯，賜弓矢然後征，賜鈇鉞然後殺，賜圭瓚然後為鬯。未賜圭瓚，則資鬯於天子。

天子命之教，然後為學。小學在公宮南之左，大學在郊。天子曰辟廱，諸侯曰頖宮。

天子將出征，類乎上帝，宜乎社，造乎禰，禡於所征之地。受命於祖，受成於學。出征，執有罪，反，釋奠于學，以訊馘告。

天子諸侯無事則歲三田。一為乾豆，二為賓客，三為充君之庖。無事而不田，曰不敬；田不以禮，曰暴天物。天子不合圍，諸侯不掩群。天子殺則下大綏，諸侯殺則下小綏，大夫殺則止佐車。佐車止，則百姓田獵。獺祭魚，然後虞人入澤梁。豺祭獸，然後田獵。鳩化為鷹，然後設罻羅。草木零落，然後入山林。昆蟲未蟄，不以火田。不麛，

不卵，不殺胎，不殀夭，不覆巢。

（冢）〔冢〕宰制國用，必於歲之杪，五穀皆入然後制國用。用地小大，視年之豐（耗）〔耗〕。以三十年之通制國用，量入以為出，祭用數之仂。喪，三年不祭，唯祭天地社稷為越紼而行事。喪用三年之仂。喪祭，用不足曰暴，有餘曰浩。祭，豐年不奢，凶年不儉。國無九年之（畜）〔蓄〕曰不足，無六年之蓄曰急，無三年之蓄曰國非其國也。三年耕，必有一年之食；九年耕，必有三年之食。以三十年之通，雖有凶旱水溢，民無菜色，然後天子食，日舉以樂。天子七日而殯，七月而葬。諸侯五日而殯，五月而葬。大夫，士，庶人，三日而殯，三月而葬。三年之喪，自天子達，庶人縣封，葬不為雨止，不封不樹，喪不貳事，自天子達於庶人。喪從死者，祭從生者。支子不祭。天子七廟，三昭三穆，與大祖之廟而七。諸侯五廟，二昭二穆，與大祖之廟而五。大夫三廟，一昭一穆，與大祖之廟而三。士一廟，庶人祭於寢。

天子諸侯宗廟之祭：春曰礿，夏曰禘，秋曰嘗，冬曰烝。天子祭天地，諸侯祭社稷，大夫祭五祀。天子祭天下名山大川：五嶽視三公，四瀆視諸侯。諸侯祭名山大川之在其地者。

天子諸侯祭因國之在其地而無主後者。

天子犆礿，祫禘，祫嘗，祫烝。諸侯礿則不禘，禘則不嘗，嘗則不烝，烝則不礿。諸侯礿，犆；禘，一犆一祫；嘗，祫；烝，祫。

天子社稷皆大牢，諸侯社稷皆少牢。大夫士宗廟之祭，有田則祭，無田則薦。庶人春薦韭，夏薦麥，秋薦黍，冬薦稻。韭以卵，麥以魚，黍以豚，稻以鴈。祭天地之牛，角繭栗；宗廟之牛，角握；賓客之牛，角尺。諸侯無故不殺牛，大夫無故不殺羊，士無故不殺犬豕，庶人無故不食珍。

庶羞不踰牲，燕衣不踰祭服，寢不踰廟。

古者：公田，藉而不稅。市，廛而不稅。關，譏而不征。林麓川澤，以時入而不禁。夫圭田無征。

用民之力，歲不過三日。

田里不粥，墓地不請。

司空執度度地，居民山川沮澤，時四時。量地遠近，興事任力。凡使民：任老者之事，食壯者之食。

凡居民材，必因天地寒煖燥濕，廣谷大川異制。民生其間者異俗：剛柔輕重遲速異齊，五味異和，器械異制，衣服異宜。脩其教，不易其俗；齊其政，不易其宜。中國戎夷，五方之民，皆有性也，不可推移。東方曰夷，被髮文身，有不火食者矣。南方曰蠻，雕題交趾，有不火食者矣。西方曰戎，被髮衣皮，有不粒食者矣。北方曰狄，衣羽毛穴居，有不粒食者矣。中國、夷、蠻、戎、狄，皆有安居、和味、宜服、利用、備器，五方之民，言語不通，嗜欲不同。達其志，通其欲：東方曰寄，南方曰象，西方曰狄鞮，北方曰譯。

凡居民，量地以制邑，度地以居民。地、邑、民居，必參相得也。無曠土，無游民，食節事時，民咸安其居，樂事勸功，尊君親上，然後興學。

司徒脩六禮以節民性，明七教以興民德，齊八政以防淫，一道德以同俗，養耆老以致孝，恤孤獨以逮不足，上賢以崇德，簡不肖以絀惡。命鄉，簡不帥教者以告。耆老皆朝于庠，元日，習射上功，習鄉上齒，大司徒帥國之俊士與執事焉。不變，命國之右鄉，簡不帥教者移之左，命國之左鄉，簡不帥教者移之右，如初禮。不變，移之郊，如初禮。不變，移之遂，如初禮。不變，屏之遠方，終身不齒。命鄉，論秀士，升之司徒，曰選士。司徒論選士之秀者而升之學，曰俊士。升於司徒者，不征於鄉；升於學者，不征於司徒，曰造士。樂正崇四術，立四教，順先王《詩》、《書》、《禮》、《樂》以造士。春秋教以《禮》、《樂》，冬夏教以《詩》、《書》。王大子，王子，群后之大子，〔公〕卿、大夫、元士之適子，國之俊選，皆造焉。凡入學以齒。將出學，小胥、大胥、小樂正簡不帥教者以告于大樂正。大樂正以告于王。王命三公、九卿、大夫、元士皆入學。不變，王親視學。不變，王三日不舉，屏之遠方。西方曰棘，東方曰寄，終身不齒。大樂正論造士之秀者以告于王，而升諸司馬，曰進士。司馬辨論官材，論進士之賢者以告於王，而定其論。論定然後官之，任官然後爵之，位定然後祿之。大夫廢其事，終身不仕，死以士禮葬之。有發，則命

大司徒教士以車甲。凡執技論力，適四方，贏股肱，決射御。凡執技以事上者：祝、史、射、御、醫、卜及百工。凡執技以事上者：不貳事，不移官，出鄉不與士齒。仕於家者，出鄉不與士齒。

司寇正刑明辟以聽獄訟。必三刺。有旨無簡不聽。附從輕，赦從重。凡制五刑，必即天論，郵罰麗於事。凡聽五刑之訟，必原父子之親，立君臣之義以權之。意論輕重之序，慎測淺深之量以別之。悉其聰明，致其忠愛以盡之。疑獄，氾與眾共之；眾疑，赦之。必察小大之比以成之。成獄辭，史以獄成告於正，正聽之。正以獄成告于大司寇，大司寇聽之棘木之下。大司寇以獄之成告於王，王命三公參聽之。三公以獄之成告於王，王三又，然後制刑。凡作刑罰，輕無赦。刑者侀也，侀者成也，一成而不可變，故君子盡心焉。析言破律，亂名改作，執左道以亂政，殺。作淫聲、異服、奇技、奇器以疑眾，殺。行偽而堅，言偽而辯，學非而博，順非而澤以疑眾，殺。假於鬼神、時日、卜筮以疑眾，殺。此四誅者，不以聽。凡執禁以齊眾，不赦過。有圭璧、金璋不粥於市。命服、命車不粥於市。宗廟之器不粥於市。犧牲不粥於市。戎器不粥於市。用器不中度，不粥於市。兵車不中度，不粥於市。布帛精麤不中數，幅廣狹不中量，不粥於市。姦色亂正色，不粥於市。錦文、珠玉成器不粥於市。衣服飲食不粥於市。五穀不時，果實未孰，不粥於市。木不中伐，不粥於市，禽獸魚鱉不中殺，不粥於市。關執禁以譏，禁異服，識異言。

大史典禮，執簡記，奉諱惡。

天子齊戒受諫。司會以歲之成質於天子，冢宰齊戒受質。大樂正、大司寇、市，三官以其成從質於天子。大司徒、大司馬、大司空齊戒受質，百官各以其成質於三官。大司徒、大司馬、大司空以百官之成質於天子，百官齊戒受質。然後，休老勞農，成歲事，制國用。

凡養老：有虞氏以燕禮，夏后氏以饗禮，殷人以食禮，周人脩而兼用之。五十養於鄉，六十養於國，七十養於學，達於諸侯。

八十拜君命，一坐再至，瞽亦如之。九十使人受。五十異粻，六十宿肉，七十貳膳，八十常珍；九十飲食不離寢，膳飲從於遊可也。六十歲制，七十時制，八十月制；九十日脩，唯絞、紟、衾、冒死而后制。

五十始衰，六十非肉不飽，七十非帛不煖，八十非人不煖，九十雖得
人不煖矣。五十杖於家，六十杖於鄉，七十杖於國，八十杖於朝，九
十者，天子欲有問焉，則就其室，以珍從。七十不俟朝，八十月告存，
九十日有秩。五十不從力政，六十不與服戎，七十不與賓客之事，八
十齊喪之事弗及也。五十而爵，六十不親學，七十致政。唯衰麻為喪。
有虞氏養國老於上庠，養庶老於下庠。夏后氏養國老於東序，養庶老
於西序。殷人養國老於右學，養庶老於左學。周人養國老於東膠，養
庶老於虞庠：虞庠在國之西郊。有虞氏皇而祭，深衣而養老。夏后氏
收而祭，燕衣而養老。殷人（呼）〔縞〕而祭，縞衣而養老。周人冕
而祭，玄衣而養老。凡三王養老皆引年。八十者一子不從政，九十者
其家不從政，廢疾非人不養者一人不從政。父母之喪，三年不從政。
齊衰、大功之喪，三月不從政。將徙於諸侯，三月不從政。自諸侯來
徙家，期不從政。

少而無父者謂之孤，老而無子者謂之獨，老而無妻者謂之矜，老而無
夫者謂之寡。此四者，天民之窮而無告者也，皆有常餼。

瘖、聾、跛、躃、斷者、侏儒、百工，各以其器食之。

道路：男子由右，婦人由左，車從中央。父之齒隨行，兄之齒鴈行，
朋友不相踰。輕任并，重任分，班白不提挈。君子耆老不徒行，庶人
耆老不徒食。

大夫祭器不假。祭器未成，不造燕器。

方一里者，為田九百畝。方十里者，為方一里者百，為田九萬畝。方
百里者，為方十里者百，為田九十億畝。方千里者，為方百里者百，
為田九萬億畝。

自恆山至於南河，千里而近。自南河至於江，千里而近。自江至於衡
山，千里而遙。自東河至於東海，千里而遙。自東河至於西河，千里
而近，自西河至於流沙，千里而遙。西不盡流沙，南不盡衡山，東不
近東海，北不盡恆山，凡四海之內，斷長補短，方三千里，為田八十
萬億一萬億畝。方百里者，為田九十億畝：山陵、林麓、川澤、溝瀆、
城郭、宮室、塗巷，三分去一，其餘六十億畝。

古者以周尺八尺為步，今以周尺六尺四寸為步。古者百畝，當今東田

38

百四十六畝三十步。古者百里，當今百（一）〔二〕十一里六十步四
尺二寸二分。

方千里者，為方百里者百。封方百里者三十國，其餘，方百里者七十。
又封方七十里者六十，為方百里者二十九，方十里者四十。其餘，方
百里者四十，方十里者六十；又封方五十里者百二十，為方百里者三
十，其餘，方百里者十，方十里者六十。名山大澤不以封，其餘以為
附庸閒田。諸侯之有功者，取於閒田以祿之；其有削地者，歸之閒田。
天子之縣內：方千里者，為方百里者百。封方百里者九，其餘方百里
者九十一。又封方七十里者二十一，為方百里者十，方十里者二十九，
其餘，方百里者八十，方十里者七十一。又封方五十里者六十三，為
方百里者十五，方十里者七十五，其餘方百里者六十四，方十里者九
十六。

諸侯之下士祿食九人，中士食十八人，上士食三十六人。下大夫食七
十二人，卿食二百八十八人。君食二千八百八十人。次國之卿食二百
一十六人，君食二千一百六十人。小國之卿食百四十四人，君食千四
百四十人。次國之卿，命於其君者，如小國之卿。天子之大夫為三監，
監於諸侯之國者，其祿視諸侯之卿，其爵視次國之君，其祿取之於方
伯之地。方伯為朝天子，皆有湯沐之邑於天子之縣內，視元士。諸侯
世子世國，大夫不世爵。使以德，爵以功，未賜爵，視天子之元士，
以君其國。諸侯之大夫，不世爵祿。

六禮：冠、昏、喪、祭、鄉、相見。七教：父子、兄弟、夫婦、君臣、
長幼、朋友、賓客。八政：飲食、衣服、事為、異別、度、量、數、
制。

月令

孟春之月，日在營室，昏參中，旦尾中。其日甲乙。其帝大皞，其神
句芒。其蟲鱗。其音角。律中大蔟。其數八。其味酸，其臭羶。其祀
戶，祭先脾。

東風解凍，蟄蟲始振，魚上冰，獺祭魚，鴻鴈來。

天子居青陽左个。乘鸞路，駕倉龍，載青旂，衣青衣，服倉玉。食麥

與羊,其器疏以達。

是月也,以立春。先立春三日,大史謁之天子曰:「某日立春,盛德在木。」天子乃齊。立春之日,天子親帥三公九卿諸侯大夫以迎春於東郊。還反,賞公卿諸侯大夫於朝。

命相布德和令,行慶施惠,下及兆民。慶賜遂行,毋有不當。

乃命大史守典奉法,司天日月星辰之行,宿離不貸,毋失經紀,以初為常。

是月也,天子乃以元日祈穀于上帝。乃擇元辰,天子親載耒耜,措之于參保介之御間,帥三公九卿諸侯大夫,躬耕帝藉。天子三推,(三)公五推,卿諸侯九推。反,執爵于大寢,三公九卿諸侯大夫皆御,命曰勞酒。

是月也,天氣下降,地氣上騰,天地和同,草木萌動。王命布農事,命田舍東郊,皆脩封疆,審端(經)〔徑〕術。善相丘陵、阪險、原隰土地所宜,五穀所殖,以教道民,必躬親之。田事既飭,先定準直,農乃不惑。

是月也,命樂正入學習舞。乃脩祭典。命祀山林川澤,犧牲毋用牝。禁止伐木。毋覆巢,毋殺孩蟲、胎、夭、飛鳥。毋麛、毋卵。毋聚大眾,毋置城郭。掩骼埋胔。

是月也,不可以稱兵,稱兵必天殃。兵戎不起,不可從我始。毋變天之道,毋絕地之理,毋亂人之紀。

孟春行夏令,則(雨水)〔風雨〕不時,草木蚤落,國時有恐。行秋令,則其民大疫,猋風暴雨總至,藜、莠、蓬、蒿並興。行冬令,則水潦為敗,雪霜大摯,首種不入。

仲春之月,日在奎,昏弧中,旦建星中。其日甲乙,其帝大皞,其神句芒。其蟲鱗。其音角,律中夾鍾。其數八。其味酸,其臭羶,其祀戶,祭先脾。

始雨水,桃始華,倉庚鳴,鷹化為鳩。

天子居青陽大廟,乘鸞路,駕倉龍,載青旂,衣青衣,服倉玉。食麥與羊。其器疏以達。是月也,安萌牙,養幼少,存諸孤。擇元日,命民社。命有司省囹圄,去桎梏,毋肆掠,止獄訟。

是月也，玄鳥至。至之日，以大牢祠于高禖。天子親往，后妃帥九嬪御。乃禮天子所御，帶以弓韣，授以弓矢，于高禖之前。

是月也，日夜分。雷乃發聲，始電，蟄蟲咸動，啟戶始出。先雷三日，奮（木）鐸以令兆民曰：「雷將發聲，有不戒其容止者，生子不備，必有凶災。」日夜分，則同度量，鈞衡石，角斗甬，正權概。

是月也，耕者少舍。乃脩闔扇，寢廟畢備。毋作大事，以妨農（之）事。是月也，毋竭川澤，毋漉陂池，毋焚山林。

天子乃鮮羔開冰，先薦寢廟。

上丁，命樂正習舞，釋菜。天子乃帥三公、九卿、諸侯、大夫親往視之。仲丁，又命樂正入學習（舞）〔樂〕。

是月也，祀不用犧牲，用圭璧，更皮幣。

仲春行秋令，則其國大水，寒氣摠至，寇戎來征。行冬令，則陽氣不勝，麥乃不熟，民多相掠。行夏令，則國乃大旱，煖氣早來，蟲螟為害。

季春之月，日在胃，昏七星中，旦牽牛中。其日甲乙。其帝大皞，其神句芒。其蟲鱗。其音角，律中姑洗。其數八。其味酸，其臭羶，其祀戶，祭先脾。

桐始華，田鼠化為鴽，虹始見，（萍）〔蓱〕始生。

天子居青陽右个，乘鸞路，駕倉龍，載青旂，衣青衣，服倉玉。食麥與羊。其器疏以達。

是月也，天子乃薦鞠衣于先帝。命舟牧覆舟，五覆五反。乃告「舟備具」于天子焉，天子始乘舟。薦鮪于寢廟，乃為麥祈實。

是月也，生氣方盛，陽氣發泄，句者畢出，萌者盡達。不可以內。天子布德行惠，命有司發倉廩，賜貧窮，振乏絕，開府庫，出幣帛，周天下。勉諸侯，聘名士，禮賢者。

是月也，命司空曰：「時雨將降，下水上騰，循行國邑，周視原野，修利隄防，道達溝瀆，開通道路，毋有障塞。田獵、罝罘、羅罔、畢翳、餧獸之藥，毋出九門。」

是月也，命野虞無伐桑柘。鳴鳩拂其羽，戴勝降于桑。具曲、植、籧、筐。后妃齊戒，親東鄉躬桑。禁婦女毋觀，省婦使以勸蠶事。蠶事既

登，分繭稱絲效功，以共郊廟之服，無有敢惰。是月也，命工師令百工審五庫之量：金鐵，皮革筋，角齒，羽箭幹，脂膠丹漆，毋或不良。百工咸理，監工日號；毋悖于時，毋或作為淫巧以蕩上心。

是月之末，擇吉日，大合樂，天子乃（率）〔帥〕三公、九卿、諸侯、大夫親往視之。

是月也，乃合累牛、騰馬，遊牝于牧。犧牲、駒、犢，舉，書其數。命國難，九門磔攘，以畢春氣。

季春行冬令，則寒氣時發，草木皆肅，國有大恐。行夏令，則民多疾疫，時雨不降，山林不收。行秋令，則天多沈陰，淫雨蚤降，兵革並起。

孟夏之月，日在畢，昏翼中，旦婺女中。其日丙丁。其帝炎帝，其神祝融。其蟲羽。其音徵，律中中呂。其數七。其味苦，其臭焦。其祀竈，祭先肺。螻蟈鳴，蚯蚓出，王瓜生，苦菜秀。

天子居明堂左个，乘朱路，駕赤駵，載赤旂，衣朱衣，服赤玉。食菽與雞。其器高以粗。

是月也，以立夏。先立夏三日，大史謁之天子曰：「某日立夏，盛德在火。」天子乃齊。立夏之日，天子親帥三公、九卿、大夫以迎夏於南郊。還反，行賞，封諸侯。慶賜遂行，無不欣說。

乃命樂師習合禮樂。命（太）〔大〕尉贊桀俊，遂賢良，舉長大，行爵出祿，必當其位。是月也，繼長增高，毋有壞墮，毋起土功，毋發大眾，毋伐大樹。是月也，天子始絺。命野虞出行田原，為天子勞農勸民，毋或失時。

命司徒巡行縣鄙，命農勉作，毋休于都。是月也，驅獸毋害五穀，毋大田獵。農乃登麥，天子乃以彘嘗麥，先薦寢廟。是月也，聚畜百藥。靡草死，麥秋至。斷薄刑，決小罪，出輕繫。蠶事〔既〕畢，后妃獻繭。乃收繭稅，以桑為均，貴賤長幼如一，以給郊廟之服。

是月也，天子飲酎，用禮樂。

孟夏行秋令，則苦雨數來，五穀不滋，四鄙入保。行冬令，則草木蚤枯，後乃大水，敗其城郭。行春令，則（蝗蟲）〔蟲蝗〕為災，暴風來格，秀草不實。

仲夏之月，日在東井，昏亢中，旦危中。其日丙丁。其帝炎帝，其神祝融。其蟲羽，其音徵，律中蕤賓。其數七。其味苦，其臭焦，其祀竈，祭先肺。

小暑至，螳蜋生。（鵙）〔鴃〕始鳴，反舌無聲。

天子居明堂太廟，乘朱路，駕赤駵，載赤旂，衣朱衣，服赤玉，食菽與雞。其器高以粗。養壯佼。

是月也，命樂師脩鞀、鞞、鼓，均琴、瑟、管、簫，執干、戚、戈、羽，調竽、笙、箎、簧，飭鍾、磬、柷、敔。

命有司為民祈祀山川百源，大雩帝，用盛樂。乃命百縣雩祀百辟卿士有益於民者，以祈穀實。

農乃登黍。是月也，天子乃以雛嘗黍，羞以含桃，先薦寢廟。

令民毋艾藍以染，毋燒灰，毋暴布。門閭毋閉，關市毋索。挺重囚，益其食。

游牝別群，則縶騰駒，班馬政。

是月也，日長至，陰陽爭，死生分。君子齊戒，處必掩身，毋躁。止聲色，毋或進。薄滋味，毋致和。節耆欲，定心氣，百官靜事毋刑，以定晏陰之所成。

鹿角解，蟬始鳴。半夏生，木堇榮。

是月也，毋用火南方。可以居高明，可以遠眺望，可以升山陵，可以處臺榭。

仲夏行冬令，則雹凍傷穀，道路不通，暴兵來至。行春令，則五穀晚熟，百螣時起，其國乃饑。行秋令，則草木零落，果實早成，民殃於疫。

季夏之月，日在柳，昏火中，旦奎中。其日丙丁。其帝炎帝，其神祝融。其蟲羽。其音徵，律中林鍾。其數七。其味苦，其臭焦。其祀竈，祭先肺。溫風始至，蟋蟀居壁，鷹乃學習，腐草為螢。

天子居明堂右个，乘朱路，駕赤駵，載赤旂，衣朱衣，服赤玉。食菽與雞，其器高以粗。

命漁師伐蛟取鼉，登龜取黿。命澤人納材葦。

是月也，命四監大合百縣之秩芻，以養犧牲。令民無不咸出其力，以

共皇天、上帝、名山、大川、四方之神，以祠宗廟社稷之靈，以為民祈福。

是月也，命婦官染采，黼黻文章必以法故，無或差貸。黑黃倉赤，莫不質良，毋敢詐偽，以給郊廟祭祀之服，以為旗章，以別貴賤等給之度。

是月也，樹木方盛，乃命虞人入山行木，毋有斬伐。不可以興土功，不可以合諸侯，不可以起兵動眾，毋舉大事，以搖養氣。毋發令而待，以妨神農之事也。水潦盛昌，神農將持功，舉大事則有天殃。

是月也，土潤溽暑，大雨時行，燒薙行水，利以殺草，如以熱湯。可以糞田疇，可以美土彊。

季夏行春令，則穀實鮮落，國多風欬，民乃遷徙。行秋令，則丘隰水潦，禾稼不熟，乃多女災。行冬令，則風寒不時，鷹隼蚤鷙，四鄙入保。

中央土。其日戊己，其帝黃帝，其神后土。其蟲倮，其音宮，律中黃鍾之宮。其數五。其味甘，其臭香。其祀中霤，祭先心。天子居大廟大室。乘大路，駕黃騮，載黃旂，衣黃衣，服黃玉。食稷與牛。其器圜以閎。

孟秋之月，日在翼，昏建星中，旦畢中。其日庚辛。其帝少（嗥）〔皞〕，其神蓐收。其蟲毛。其音商，律中夷則。其數九。其味辛，其臭腥。其祀門，祭先肝。

涼風至，白露降，寒蟬鳴。鷹乃祭鳥，用始行戮。

天子居總章左个，乘戎路，駕白駱，載白旂，衣白衣，服白玉，食麻與犬，其器廉以深。

是月也，以立秋。先立秋三日，大史謁之天子曰：「某日立秋，盛德在金。」天子乃齊。立秋之日，天子親帥三公、九卿、諸侯、大夫以迎秋於西郊。還反，賞軍帥、武人於朝。天子乃命將帥選士厲兵，簡練桀俊，專任有功，以征不義。詰誅暴慢，以明好惡，順彼遠方。是月也，命有司脩法制，繕囹圄，具桎梏，禁止姦，慎罪邪，務搏執。命理瞻傷、察創、視折、審（斷）決。〔斷〕獄訟，必端平。戮有罪，嚴斷刑。天地始肅，不可以贏。是月也，農乃登穀。天子嘗新，先薦

寢廟。命百官始收斂，完隄（坊）〔防〕，謹壅塞，以備水潦。脩宮室，坏牆垣，補城郭。是月也，毋以封諸侯，立大官。毋以割地，行大使，出大幣。

孟秋行冬令，則陰氣大勝，介蟲敗穀，戎兵乃來。行春令，則其國乃旱，陽氣復還，五穀無實。行夏令，則國多火災。寒熱不節，民多瘧疾。

仲秋之月，日在角，昏牽牛中，旦觜觿中。其日庚辛，其帝少皞，其禮蓐收。其蟲毛。其音商，律中南呂。其數九。其味辛，其臭腥。其祀門，祭先肝。

盲風至，鴻鴈來，玄鳥歸。群鳥養羞。

天子居總章大廟，乘戎路，駕白駱，載白旂，衣白衣，服白玉，食麻與犬。其器廉以深。

是月也，養衰老，授几杖，行糜粥飲食。

乃命司服具飭衣裳，文繡有恆，制有小大，度有（長短）〔短長〕。衣服有量，必循其故，冠帶有常。

乃命有司申嚴百刑，斬殺必當，毋或枉橈。枉橈不當，反受其殃。

是月也，乃命宰、祝循行犧牲，視全具，案芻豢，瞻肥瘠，察物色。必比類，量小大，視長短，皆中度。五者備當，上帝其饗。

天子乃難，以達秋氣。

以犬嘗麻，先薦寢廟。

是月也，可以築城郭，建都邑，穿竇窖，脩囷倉。

乃命有司趣民收斂，務畜菜，多積聚。乃勸種麥，毋或失時。其有失時，行罪無疑。

是月也，日夜分，雷始收聲。蟄蟲坏戶，殺氣浸盛，陽氣日衰，水始涸。

日夜分，則同度量，平權衡，正鈞石，角斗甬。是月也，易關市，來商旅，納貨賄，以便民事。四方來集，遠鄉皆至，則財不匱，上無乏用，百事乃遂。

凡舉大事，毋逆（大）〔天〕數，必順其時，慎因其類。

仲秋行春令，則秋雨不降，草木生榮，國乃有恐。行夏令，則其國乃

旱，蟄蟲不藏，五穀復生。行冬令，則風災數起，收雷先行，草木蚤死。

季秋之月，日在房，昏虛中，旦柳中。其日庚辛。其帝少暤，其神蓐收。其蟲毛，其音商，律中無射。其數九。其味辛，其臭腥。其祀門，祭先肝。

鴻鴈來賓。爵入大水為蛤。鞠有黃華，豺乃祭獸戮禽。

天子居總章右个，乘戎路，駕白駱，載白旂，衣白衣，服白玉。食麻與犬，其器廉以深。

是月也，申嚴號令。命百官貴賤無不務內，以會天地之藏，無有宣出。

乃命（冢）〔冢〕宰，農事備收，舉五穀之要，藏帝藉之收於神倉，祗敬必飭。是月也，霜始降，則百工休。

乃命有司曰：「寒氣總至，民力不堪，其皆入室。」

上丁，命樂正入學習吹。

是月也，大饗帝，嘗，犧牲告備于天子。

合諸侯，制百縣，為來歲受朔日，與諸侯所稅於民輕重之法，貢職之數，以遠近土地所宜為度，以給郊廟之事，無有所私。

是月也，天子乃教於田獵，以習五戎，班馬政。命僕及七騶咸駕，載旌、旐，授車以級，整設于屏外。司徒搢扑，北面〔以〕誓之。天子乃厲飾，執弓挾矢以獵，命主祠祭禽于四方。

是月也，草木黃落，乃伐薪為炭。

蟄蟲咸俯在（內）〔穴〕，皆墐其戶。乃趣獄刑，毋留有罪。收祿秩之不當、供養之不宜者。

是月也，天子乃以犬嘗稻，先薦寢廟。

季秋行夏令，則其國大水，冬藏殃敗，民多鼽嚏。行冬令，則國多盜賊，邊竟不寧，土地分裂。行春令，則煖風來至，民氣解惰，師興不居。

孟冬之月，日在尾，昏危中，旦七星中。其日壬癸。其帝顓頊，其神玄冥。其蟲介。其音羽，律中應鍾。其數六。其味鹹，其臭朽。其祀行，祭先腎。

水始冰，地始凍。雉入大水為蜃。虹藏不見。

天子居玄堂左个，乘玄路，駕鐵驪，載玄旂，衣黑衣，服玄玉。食黍與彘。其器閎以奄。

是月也，以立冬。先立冬三日，太史謁之天子曰：「某日立冬，盛德在水。」天子乃齊。立冬之日，天子親帥三公、九卿、大夫以迎冬於北郊，還反，賞死事，恤孤寡。

是月也，命大史釁龜、筴，占兆，審卦吉凶，是察阿黨，則罪無有掩蔽。

是月也，天子始裘。

命有司曰：「天氣上騰，地氣下降，天地不通，閉塞而成冬。」命百官謹蓋藏。命司徒循行積聚，無有不斂。坏城郭，戒門閭，脩鍵閉，慎管籥，固封（疆）〔璽〕，備邊竟，完要塞，謹關梁，塞徯徑。

飭喪紀，辨衣裳，審棺椁之薄厚，塋、丘壟之（大小）〔小大〕、高卑、（厚薄）〔薄厚〕之度，貴賤之等級。

是月也，命工師效功，陳祭器，按度程。毋或作為淫巧以蕩上心。必功致為上。物勒工名，以考其誠。功有不當，必行其罪，以窮其情。

是月也，大飲烝。

天子乃祈來年于天宗，大割祠于公社及門閭。臘先祖五祀，勞農以休息之。

天子乃命將帥講武習射御角力。

是月也，乃命水虞、漁師收水泉池澤之賦。毋或敢侵削眾庶兆民，以為天子取怨于下。其有若此者，行罪無赦。

孟冬行春令，則凍閉不密，地氣上泄，民多流亡。行夏令，則國多暴風，方冬不寒，蟄蟲復出。行秋令，則雪霜不時，小兵時起，土地侵削。

仲冬之月，日在斗，昏東壁中，旦軫中。其日壬癸。其帝顓頊，其神玄冥。其蟲介。其音羽，律中黃鍾。其數六。其味鹹，其臭朽。其祀行，祭先腎。

冰益壯，地始坼。鶡旦不鳴，虎始交。

天子居玄堂大廟，乘玄路，駕鐵驪，載玄旂，衣黑衣，服玄玉。食黍與彘，其器閎以奄。

飭死事。命有司曰：「土事毋作，慎毋發蓋，毋發室屋及起大眾，以固而閉。地氣（沮）〔且〕泄，是謂發天地之房，諸蟄則死，民必疾疫，又隨以喪。命之曰暢月。」

是月也，命奄尹申宮令，審門閭，謹房室，必重閉。省婦事，毋得淫，雖有貴戚近習，毋有不禁。

乃命大酋，秫稻必齊，麴糵必時，湛熾必絜，水泉必香，陶器必良，火齊必得，兼用六物。大酋監之，毋有差貸。

天子命有司祈祀四海、大川、名源、淵澤、井泉。

是月也，農有不收藏積聚者，馬牛畜獸有放佚者，取之不詰。山林藪澤，有能取蔬食，田獵禽獸者，野虞教道之，其有相侵奪者，罪之不赦。是月也，日短至。陰陽爭，諸生蕩。君子齊戒，處必掩身。身欲寧，去聲色，禁耆慾。安形性，事欲靜，以待陰陽之所定。

芸始生，荔挺出，蚯蚓結，麋角解，水泉動。

日短至，則伐木，取竹箭。是月也，可以罷官之無事、去器之無用者。

塗闕廷、門閭，築囹圄，此〔所〕以助天地之閉藏也。

仲冬行夏令，則其國乃旱，氛霧冥冥，雷乃發聲。行秋令，則天時雨汁，瓜瓠不成，國有大兵。行春令，則（蝗蟲）〔蟲蝗〕為敗，水泉咸竭，民多疥癘。

季冬之月，日在婺女，昏婁中，旦氐中。其日壬癸。其帝顓頊，其神玄冥。其蟲介。其音羽，律中大呂。其數六。其味鹹，其臭朽。其祀行，祭先腎。

鴈北鄉，鵲始巢。雉雊，雞乳。

天子居玄堂右个。乘玄路，駕鐵驪，載玄旂，衣黑衣，服玄玉，食黍與彘，其器閎以奄。

命有司大難，旁磔，出土牛，以送寒氣。

征鳥厲疾。乃畢山川之祀，及帝之大臣，天之神（祇）〔祇〕。

是月也，命漁師始漁，天子親往，乃嘗魚，先薦寢廟。

冰方盛，水澤腹堅。命取冰，冰以入。令告民出五種。命農計耦耕事，脩耒耜，具田器。

命樂師大合吹而罷。

乃命四監收秩薪柴，以共郊廟及百祀之薪燎。是月也，日窮于次，月窮于紀，星回于天。數將幾終，歲且更始。專而農民，毋有所使。天子乃與公、卿、大夫共飭國典，論時令，以待來歲之宜。

乃命（太）〔大〕史次諸侯之列，賦之犧牲，以共皇天、上帝、社稷之饗。乃命同姓之邦共寢廟之芻豢。命宰歷卿大夫至于庶民土田之數，而賦犧牲，以共山林名川之祀。凡在天下九州之民者，無不咸獻其力，以共皇天、上帝、社稷、寢廟、山林、名川之祀。

季冬行秋令；則白露蚤降，介蟲為妖，四鄙入保。行春令，則胎夭多傷，國多固疾，命之曰逆。行夏令，則水潦敗國，時雪不降，冰凍消釋。

曾子問

曾子問曰：「君薨而世子生，如之何？」孔子曰：「卿、大夫、士從攝主北面於西階南。大祝裨冕，執束帛，升自西階，盡等，不升堂，命毋哭。祝聲三，告曰：『某之子生，敢告。』升，奠幣于殯東几上，哭，降。眾主人、卿、大夫、士、房中皆哭，不踊。盡一哀，反位。遂朝奠。小宰升舉幣。三日，眾主人、卿、大夫、士如初位，北面。大宰、大宗、大祝皆裨冕。少師奉子以衰；祝先，子從，宰、宗人從。入門，哭者止，子升自西階。殯前北面。祝立于殯東南隅。祝聲三，曰：『某之子某，從執事敢見。』子拜稽顙，哭。祝、宰、宗人、眾主人、卿、大夫、士哭，踊三者三，降，東反位，皆袒，子踊，房中亦踊三者三。襲衰，杖，（奠）〔亦〕出。大宰命祝、史以名徧告于五祀、山川。」

曾子問曰：「如已葬而世子生，則如之何？」孔子曰：「大宰、大宗從大祝而告于禰。三月，乃名于禰，以名徧告，及社稷、宗廟、山川。」

孔子曰：「諸侯適天子，必告于祖，奠于禰。冕而出視朝，命祝、史告于（社稷）、宗廟、山川。乃命國家五官而後行，道而出。告者五日而徧，過是，非禮也。凡告用牲、幣。反亦如之。諸侯相見，必告于禰，朝服而出視朝。命祝、史告于五廟、所過山川。亦命國家五官，

道而出。反必親告于祖、禰。乃命祝、史告至于前所告者，而后聽朝而入。」

曾子問曰：「並有喪，如之何？何先何後？」孔子曰：「葬、先輕而後重；其奠也，先重而後輕；禮也。自啟及葬，不奠，行葬不哀次；反葬奠，而後辭於殯，遂脩葬事。其虞也，先重而後輕，禮也。

孔子曰：「宗子雖七十，無無主婦；非宗子，雖無主婦可也。」

曾子問曰：「將冠子，冠者至，揖讓而入，聞齊衰、大功之喪，如之何？」孔子曰：「內喪則廢，外喪則冠而不醴，徹饌而埽，即位而哭。如冠者未至，則廢。如將冠子而未及期日，而有齊衰、大功、小功之喪，則因喪服而冠。」「除喪不改冠乎？」孔子曰：「天子賜諸侯、大夫冕弁服於大廟，歸設奠，服賜服，於斯乎有冠醮，無冠醴。父沒而冠，則已冠埽地而祭於禰；已祭而見伯父叔父，而后饗冠者。

曾子問曰：「祭如之何則不行旅酬之事矣？」孔子曰：「聞之，小祥者，主人練祭而不旅，奠酬於賓，賓弗舉，禮也。昔者，魯昭公練而舉酬行旅，非禮也；孝公大祥，奠酬弗舉，亦非禮也。」

曾子問曰：「大功之喪，可以與於饋奠之事乎？」孔子曰：「豈大功耳！自斬衰以下皆可，禮也。」曾子曰：「不以輕服而重相為乎？」孔子曰：「非此之謂也。天子諸侯之喪，斬衰者奠；大夫，齊衰者奠；士，則朋友奠；不足，則取於大功以下者；不足，則反之。」曾子問曰：「小功可以與於祭乎？」孔子曰：「何必小功耳！自斬衰以下與祭；禮也。」曾子曰：「不以輕喪而重祭乎？」孔子曰：「天子諸侯之喪祭也，不斬衰者不與祭；大夫，齊衰者與祭；士，祭不足，則取於兄弟大功以下者。」

曾子問曰：「相識，有喪服可以與於祭乎？」孔子曰：「緦不祭，又何助於人。」

曾子問曰：「廢喪服，可以與於饋奠之事乎？」孔子曰：「說衰與奠，非禮也；以擯相可也。

曾子問曰：「昏禮既納幣，有吉日，女之父母死，則如之何？」孔子曰：「壻使人弔。如壻之父母死，則女之家亦使人弔。父喪稱父，母喪稱母。父母不在，則稱伯父世母。壻，已葬，壻之伯父致命女氏曰：『某之子有父母之喪，不得嗣為兄弟，使某致命。』女氏許諾，而弗敢嫁，禮也。壻，免喪，女之父母使人請，壻弗取，而后嫁之，禮也。女之父母死，壻亦如之。」

曾子問曰：「親迎，女在塗，而壻之父母死，如之何？」孔子曰：「女改服，布深衣，縞總，以趨喪。女在塗，而女之父母死，則女反。」「如壻親迎，女未至，而有齊衰、大功之喪，則如之何？」孔子曰：「男不入，改服於外次；女入，改服於內次；然後即位而哭。」曾子問曰：「除喪則不復昏禮乎？」孔子曰：「祭，過時不祭，禮也；又何反於初？

孔子曰：「嫁女之家，三夜不息燭，思相離也。取婦之家，三日不舉樂，思嗣親也。三月而廟見，稱『來婦』也。擇日而祭於禰，成婦之義也。」

曾子問曰：「女未廟見而死，則如之何？」孔子曰：「不遷於祖，不祔於皇姑，壻不杖、不菲、不次，歸葬于女氏之黨，示未成婦也。」

曾子問曰：「取女有吉日而女死，如之何？」孔子曰：「壻齊衰而弔，既葬而除之。夫死亦如之。」曾子問曰：「喪有二孤，廟有二主，禮與？」孔子曰：「天無二日，土無二王，嘗、禘、郊、社，尊無二上。未知其為禮也。昔者齊桓公亟舉兵，作偽主以行。及反，藏諸祖廟。廟有二主，自桓公始也。喪之二孤，則昔者衛靈公適魯，遭季桓子之喪，衛君請弔，哀公辭，不得命，公為主，客入弔。康子立於門右，北面；公揖讓升自東階，西鄉；客升自西階弔。公拜，興哭；康子拜稽顙於位，有司弗辯也。今之二孤，自季康子之過也。

曾子問曰：「古者師行，必以遷廟主行乎？」孔子曰：「天子巡守，以遷廟主行，載于齊車，言必有尊也。今也取七廟之主以行，則失之矣。當七廟五廟無虛主；虛主者，唯天子崩，諸侯薨，與去其國，與

祫祭於祖，為無主耳。吾聞諸老聃曰：『天子崩，國君薨，則祝取群廟之主而藏諸祖廟，禮也。卒哭成事而后，主各反其廟。君去其國，大宰取群廟之主以從，禮也。祫祭於祖，則祝迎四廟之主。主出廟入廟必蹕。』老聃云。」

曾子問曰：「古者師行無遷主，則何主？」孔子曰：「主命。」問曰：「何謂也？」孔子曰：「天子諸侯將出，必以幣、帛、皮、圭告于祖、禰，遂奉以出，載于齊車以行。每舍，奠焉而后就舍。反必告，設奠，卒，斂幣、玉，藏諸兩階之間，乃出。蓋貴命也。」

子游問曰：「喪慈母如母，禮與？」孔子曰：「非禮也。古者，男子外有傅，內有慈母，君命所使教子也，何服之有？昔者，魯昭公少喪其母，有慈母良，及其死也，公弗忍也，欲喪之，有司以聞，曰：『古之禮，慈母無服，今也君為之服，是逆古之禮而亂國法也；若終行之，則有司將書之以遺後世。無乃不可乎？』公曰：『古者天子練冠以燕居。』公弗忍也，遂練冠以喪慈母。喪慈母自魯昭公始也。

曾子問曰：「諸侯旅見天子，入門不得終禮，廢者幾？」孔子曰：「四。」請問之。曰：「大廟火，日食，后之喪，雨霑服失容，則廢。如諸侯皆在而日食，則從天子救日，各以其方色與其兵。大廟火，則從天子救火，不以方色與兵。」

曾子問曰：「諸侯相見，揖讓入門，不得終禮，廢者幾？」孔子曰：「六。」請問之。曰：「天子崩，大廟火，日食，后、夫人之喪，雨霑服失容，則廢。」

曾子問曰：「天子嘗、禘、郊、社、五祀之祭，簠、簋既陳，天子崩，后之喪，如之何？」孔子曰：「廢。」

曾子問曰：「當祭而日食，大廟火，其祭也如之何？」孔子曰：「接祭而已矣。如牲至未殺，則廢。」

天子崩，未殯，五祀之祭不行；既殯而祭，其祭也，尸入，三飯，不侑，酳不酢而已矣。自啟至于反哭，五祀之祭不行；已葬而祭，祝畢獻而已。

曾子問曰：「諸侯之祭社稷，俎豆既陳，聞天子崩，后之喪，君薨，

夫人之喪，如之何？」孔子曰：「廢。自薨比至于殯，自啟至于反哭，奉帥天子。

曾子問曰：「大夫之祭，鼎、俎既陳，籩、豆既設，不得成禮，廢者幾？」孔子曰：「九。」請問之。曰：「天子崩，后之喪，君薨，夫人之喪，君之大廟火，日食，三年之喪，齊衰，大功，皆廢。外喪自齊衰以下行也。其齊衰之祭也，尸入，三飯，不侑，酳不酢而已矣；大功，酳而已矣；小功、緦，室中之事而已矣。士之所以異者，緦不祭，所祭，於死者無服，則祭。」曾子問曰：「三年之喪，弔乎？」孔子曰：「三年之喪，練，不群立，不旅行。君子禮以飾情，三年之喪而弔哭，不亦虛乎？」曾子問曰：「大夫士有私喪，可以除之矣，而有君服焉，其除之也如之何？」孔子曰：「有君喪服於身，不敢私服，又何除焉？於是乎有過時而弗除也。君之喪服除而后殷祭，禮也。」

曾子〔問〕曰：「父母之喪，弗除可乎？」孔子曰：「先王制禮，過時弗舉，禮也；非弗能勿除也，患其過於制也，故君子過時不祭，禮也。」

曾子問曰：「君薨，既殯，而臣有父母之喪，則如之何？」孔子曰：「歸居于家，有殷事，則之君所，朝夕否。」曰：「君既啟，而臣有父母之喪，則如之何？」孔子曰：「歸哭而反送君。」曰：「君未殯，而臣有父母之喪，則如之何？」孔子曰：「歸殯，反于君所，有殷事則歸，朝夕否。大夫，室老行事；士，則子孫行事。大夫內子，有殷事，亦之君所，朝夕否。

賤不誄貴，幼不誄長，禮也。唯天子稱天以誄之。諸侯相誄，非禮也。曾子問曰：「君出疆，以三年之戒，以椑從。君薨，其入如之何？」孔子曰：「共殯服，則子麻、弁絰、疏衰、菲、杖。入自闕，升自西階。如小斂，則子免而從柩，入自門，升自阼階。君、大夫、士一節也。」曾子問曰：「君之喪既引，聞父母之喪，如之何？」孔子曰：「遂。既封而歸，不俟子。」曾子問曰：「父母之喪既引，及塗，聞

君薨，如之何？」孔子曰：「遂。既封，改服而往。」

曾子問曰：「宗子為士，庶子為大夫，其祭也如之何？」孔子曰：「以上牲祭於宗子之家，祝曰：『孝子某為介子某薦其常事。』若宗子有罪，居于他國，庶子為大夫，其祭也，祝曰：『孝子某使介子某執其常事。』攝主不厭祭，不旅，不假，不綏祭，不配。布奠於賓，賓奠而不舉，不歸肉。其辭於賓曰：『宗兄、宗弟、宗子在他國，使某辭。』」

曾子問曰：「宗子去在他國，庶子無爵而居者，可以祭乎？」孔子曰：「祭哉！」「請問其祭如之何？」孔子曰：「望墓而為壇，以時祭。若宗子死，告於墓而后祭於家。宗子死，稱名不言『孝』，身沒而已。子游之徒，有庶子祭者，以此若義也。今之祭者，不首其義，故誣於祭也。」

曾子問曰：「祭必有尸乎？若厭祭亦可乎？」孔子曰：「祭成喪者必有尸，尸必以孫。孫幼，則使人抱之。無孫，則取於同姓可也。祭殤必厭，蓋弗成也。祭成喪而無尸，是殤之也。」孔子曰：「有陰厭，有陽厭。」曾子問曰：「殤不祔祭，何謂陰厭、陽厭？」孔子曰：「宗子為殤而死，庶子弗為後也。其吉祭，特牲。祭殤不舉〔肺〕，無肵俎，無玄酒，不告利成，是謂陰厭。凡殤，與無後者，祭於宗子之家，當室之白，尊于東房，是謂陽厭。

曾子問曰：「葬〔既〕引，至于堩，日有食之，則有變乎？且不乎？」孔子曰：「昔者吾從老聃助葬於巷黨，及堩，日有食之，老聃曰：『丘！止柩，就道右，止哭以聽變。』既明反而后行。曰：『禮也。』反葬，而丘問之曰：『夫柩不可以反者也，日有食之，不知其已之遲數，則豈如行哉？』老聃曰：『諸侯朝天子，見日而行，逮日而舍奠；大夫使，見日而行，逮日而舍。夫柩不蚤出，不莫宿。見星而行者，唯罪人與奔父母之喪者乎？日有食之，安知其不見星也。且君子行禮，不以人之親痁患。』吾聞諸老聃云。」

曾子問曰：「為君使而卒於舍，禮曰：『公館復，私館不復。』凡所使之國，有司所授舍，則公館已，何謂私館不復也？」孔子曰：「善

乎問之也！自卿、大夫、〔士〕之家曰私館；公館與公所為曰公館。公館復，此之謂也。」

曾子問曰：「下殤：土周葬于園，遂輿機而往，塗邇故也。今墓遠，則其葬也如之何？」孔子曰：「吾聞諸老聃曰：『昔者史佚有子而死，下殤也。墓遠，召公謂之曰：「何以不棺斂於宮中？」史佚曰：「吾敢乎哉？」召公言於周公，周公曰：「豈不可？」史佚行之。』下殤用棺衣棺，自史佚始也。」

曾子問曰：「卿大夫將為尸於公，受宿矣，而有齊衰內喪，則如之何？」孔子曰：「出舍於公館以待事，禮也。」孔子曰：「尸弁冕而出，卿、大夫、士皆下之，尸必式，必有前驅。

子夏問曰：「三年之喪卒哭，金革之事無辟也者，禮與？初有司與？」孔子曰：「夏后氏三年之喪，既殯而致事，殷人既葬而致事。《記》曰：『君子不奪人之親，亦不可奪親也。』此之謂乎？」子夏曰：「金革之事無辟也者，非與？」孔子曰：「吾聞諸老聃曰：『昔者魯公伯禽有為為之也，今以三年之喪從其利者，吾弗知也！』」

文王世子

文王之為世子，朝於王季，日三。雞初鳴而衣服，至於寢門外，問內豎之御者曰：「今日安否何如？」內豎曰：「安。」文王乃喜。及日中，又至，亦如之。及莫，又至，亦如之。其有不安節，則內豎以告文王，文王色憂，行不能正履。王季腹膳，然後亦復初。食上，必在，視寒暖之節，食下，問所膳；命膳宰曰：「末有原！」應曰：「諾。」然後退。

武王帥而行之，不敢有加焉。文王有疾，武王不說冠帶而養。文王一飯，亦一飯；文王再飯，亦再飯。旬有二日乃間。

文王謂武王：「女何夢矣？」武王對曰：「夢帝與我九齡。」文王曰：「女以為何也？」武王曰：「西方有九國焉，君王其終撫諸？」文王曰：「非也。古者謂年齡，齒亦齡也。我百爾九十，吾與爾三焉。」文王九十七乃終，武王九十三而終。

成王幼，不能蒞阼，周公相，踐阼而治。抗世子法於伯禽，欲令成王之知父子、君臣、長幼之道也；成王有過，則撻伯禽，所以示成王世子之道也。文王之為世子也。

凡學世子及學士，必時。春夏學干戈，秋冬學羽籥，皆於東序。小樂正學干，大胥贊之。籥師學戈，籥師丞贊之。胥鼓南。春誦夏弦，大師詔之。瞽宗秋學禮，執禮者詔之；冬讀書，典書者詔之。禮在瞽宗，書在上庠。

凡祭與養老，乞言，合語之禮，皆小樂正詔之於東序。大樂正學舞干戚，語說，命乞言，皆大樂正授數，大司成論說在東序。凡侍坐於大司成者，遠近間三席，可以問。終則負墻，列事未盡，不問。

凡學，春官釋奠於其先師，秋冬亦如之。凡始立學者，必釋奠於先聖先師；及行事，必以幣。凡釋奠者，必有合也，有國故則否。凡大合樂，必遂養老。凡語於郊者，必取賢斂才焉。或以德進，或以事舉，或以言揚。曲藝皆誓之，以待又語。三而一有焉，乃進其等，以其序，謂之郊人，遠之。於成均以及取爵於上尊也。始立學者，既興器用幣，然後釋菜不舞不授器，乃退。儐於東序，一獻，無介語可也。教世子。

凡三王教世子必以禮樂。樂，所以修內也；禮，所以修外也。禮樂交錯於中，發形於外，是故其成也懌，恭敬而溫文。立大傅、少傅以養之，欲其知父子、君臣之道也。大傅審父子、君臣之道以示之；少傅奉世子，以觀大傅之德行而審喻之。大傅在前，少傅在後；入則有保，出則有師，是以教喻而德成也。師也者，教之以事而喻諸德者也；保也者，慎其身以輔翼之而歸諸道者也。《記》曰：「虞、夏、商、周，有師保，有疑丞。」設四輔及三公。不必備，唯其人。語使能也。君子曰德，德成而教尊，教尊而官正，官正而國治，君之謂也。仲尼曰：「昔者周公攝政，踐阼而治，抗世子法於伯禽，所以善成王也。聞之曰：為人臣者，殺其身有益於君則為之，況於其身以善其君乎？周公優為之！」是故知為人子，然後可以為人父；知為人臣，然後可以為人君；知事人，然後能使人。成王幼，不能蒞阼，以為世子，則無為也，是故抗世子法於伯禽，使之與成王居，欲令成王之知父子、君臣、長幼之義也。君之於世子也，親則父也，尊則君也。有父之親，有君

之尊，然後兼天下而有之。是故，養世子不可不慎也。行一物而三善皆得者，唯世子而已。其齒於學之謂也。故世子齒於學，國人觀之曰：「將君我而與我齒讓何也？」曰：「有父在則禮然，然而眾知父子之道矣。」其二曰：「將君我而與我齒讓何也？」曰：「有君在則禮然，然而眾著於君臣之義也。」其三曰：「將君我而與我齒讓何也？」曰：「長長也，然而眾知長幼之節矣。」故父在斯為子，君在斯謂之臣，居子與臣之節，所以尊君親親也。故學之為父子焉，學之為君臣焉，學之為長幼焉，父子、君臣、長幼之道得，而國治。語曰：「樂正司業，父師司成，一有元良，萬國以貞。」世子之謂也。周公踐阼。

庶子之正於公族者，教之以孝弟、睦友、子愛，明父子之義、長幼之序。 其朝於公：內朝，則東面北上；臣有貴者，以齒。其在外朝，則以官，司士為之。 其在宗廟之中，則如外朝之位。宗人授事，以爵以官。其登餕獻受爵，則以上嗣。庶子治之，雖有三命，不逾父兄。 其公大事，則以其喪服之精粗為序。雖於公族之喪亦如之，以次主人。若公與族燕，則異姓為賓，膳宰為主人，公與父兄齒。族食，世降一等。

其在軍，則守於公禰。公若有出疆之政，庶子以公族之無事者守於公宮，正室守大廟，諸父守貴宮貴室，諸子諸孫守下宮下室。 五廟之孫，祖廟未毀，雖為庶人，冠，取妻，必告；死，必赴；練祥則告。族之相為也，宜吊不吊，宜免不免，有司罰之。至於賵賻承含，皆有正焉。公族其有死罪，則磬于甸人。其刑罪，則纖剸，亦告于甸人。公族無宮刑。獄成，有司讞於公。其死罪，則曰「某之罪在大辟」；其刑罪，則曰「某之罪在小辟」。公曰：「宥之。」有司又曰：「在辟。」公又曰：「宥之。」有司又曰：「在辟。」及三宥，不對，走出，致刑於于甸人。公又使人追之曰：「雖然，必赦之。」有司對曰：「無及也！」反命於公，公素服不舉，為之變，如其倫之喪。無服，親哭之。公族朝於內朝，內親也。雖有貴者以齒，明父子也。外朝以官，體異姓也。 宗廟之中，以爵為位，崇德也。宗人授事以官，尊賢也。登餕受爵以上嗣，尊祖之道也。 喪紀以服之輕重為序，不奪人親也。 公與族燕則以齒，而孝弟之道達矣。其族食世降一等，親親之殺也。 戰

57

則守於公禰，孝愛之深也。正室守大廟，尊宗室，而君臣之道著矣。
諸父諸兄守貴室，子弟守下室，而讓道達矣。五廟之孫，祖廟未毀，
雖及庶人，冠，取妻必告，死必赴，不忘親也。親未絕而列於庶人，
賤無能也。敬弔臨賻賵，睦友之道也。古者，庶子之官治，而邦國有
倫；邦國有倫，而眾鄉方矣。公族之罪，雖親不以犯有司，正術也，
所以體百姓也。刑於隱者，不與國人慮兄弟也。弗弔，弗為服，哭於
異姓之廟，為忝祖遠之也。素服居外，不聽樂，私喪之也，骨肉之親
無絕也。公族無宮刑，不翦其類也。

天子視學，大昕鼓徵，所以警眾也。眾至，然後天子至。乃命有司行
事。興秩節，祭先師先聖焉。有司卒事，反命。始之養也：適東序，
釋奠於先老，遂設三老五更群老之席位焉。適饌省醴，養老之珍，具；
遂發詠焉，退修之以孝養也。反，登歌清廟，既歌而語，以成之也。
言父子、君臣、長幼之道，合德音之致，禮之大者也。下管《象》，
舞《大武》。大合眾以事，達有神，興有德也。正君臣之位、貴賤之
等焉，而上下之義行矣。有司告以樂闋，王乃命公侯伯子男及群吏曰：
「反！養老幼於東序。」終之以仁也。

是故聖人之記事也，慮之以大，愛之以敬，行之以禮，修之以孝養，
紀之以義，終之以仁。是故古之人一舉事而眾皆知其德之備也。古之
君子，舉大事，必慎其終始，而眾安得不喻焉？《兌命》曰：「念終
始典於學。

世子之記曰：朝夕至於大寢之門外，問於內豎曰：「今日安否何
如？」內豎曰：「今日安。」世子乃有喜色。其有不安節，則內豎以
告世子，世子色憂不滿容。內豎言「復初」，然後亦復初。朝夕之食
上，世子必在，視寒暖之節。食下，問所膳羞。必知所進，以命膳宰，
然後退。若內豎言「疾」，則世子親齊玄而養。膳宰之饌，必敬視之；
疾之藥，必親嘗之。嘗饌善，則世子亦能食；嘗饌寡，世子亦不能飽；
以至於復初，然後亦復初。

禮運

禮記:禮運，其中首段最有名，稱為禮運大同篇。

昔者仲尼與於蜡賓，事畢，出遊於觀之上，喟然而嘆。仲尼之嘆，蓋嘆魯也。言偃在側，曰：「君子何嘆？」孔子曰：「大道之行也，與三代之英，丘未之逮也，而有志焉。大道之行也，天下為公。選賢與能，講信脩睦，故人不獨親其親，不獨子其子，使老有所終，壯有所用，幼有所長，矜寡孤獨廢疾者，皆有所養。男有分，女有歸。貨惡其棄於地也，不必藏於己；力惡其不出於身也，不必為己。是故謀閉而不興，盜竊亂賊而不作，故外戶而不閉，是謂大同。今大道既隱，天下為家，各親其親，各子其子，貨力為己，大人世及以為禮。城郭溝池以為固，禮義以為紀；以正君臣，以篤父子，以睦兄弟，以和夫婦，以設制度，以立田里，以賢勇知，以功為己。故謀用是作，而兵由此起。禹、湯、文、武、成王、周公，由此其選也。此六君子者，未有不謹於禮者也。以著其義，以考其信，著有過，刑仁講讓，示民有常。如有不由此者，在執者去，眾以為殃，是謂小康。

言偃復問曰：「如此乎禮之急也？」孔子曰：「夫禮，先王以承天之道，以治人之情。故失之者死，得之者生。《詩》曰：『相鼠有體，人而無禮，人而無禮，胡不遄死！』是故夫禮必本於天，殽於地，列於鬼神，達於喪、祭、射、御、冠、昏、朝、聘。故聖人以禮示之，故天下國家可得而正也。」

言偃復問曰：「夫子之極言禮也，可得而聞與？」孔子曰：「我欲觀夏道，是故之杞，而不足徵也；吾得《夏時》焉。我欲觀殷道，是故之宋，而不足徵也；吾得《坤乾》焉。《坤乾》之義，《夏時》之等，吾以是觀之。

「夫禮之初，始諸飲食，其燔黍捭豚，汙尊而抔飲，蕢桴而土鼓，猶若可以致其敬於鬼神。及其死也，升屋而號，告曰：『皋！某復。』然後飯腥而苴孰。故天望而地藏也，體魄則降，知氣在上，故死者北首，生者南鄉，皆從其初。

「昔者先王，未有宮室，冬則居營窟，夏則居橧巢。未有火化，食草

木之實，鳥獸之肉，飲其血，茹其毛。未有麻絲，衣其羽皮。

「後聖有作，然後脩火之利，范金，合土，以為臺榭、宮室、牖戶，以炮以燔，以亨以炙，以為醴酪，治其麻絲，以為布帛，以養生送死，以事鬼神上帝，皆從其朔。

「故玄酒在室，醴、醆在戶，粢醍在堂，澄酒在下。陳其犧牲，備其鼎、俎，列其琴、瑟、管、磬、鍾、鼓，脩其祝、嘏，以降上神與其先祖。以正君臣，以篤父子，以睦兄弟，以齊上下，夫婦有所。是謂承天之祐。

「作其祝號，玄酒以祭，薦其血、毛，腥其俎，孰其殽，與其越席，疏布以（冪）〔冪〕，衣其澣帛，醴、醆以獻，薦其燔、炙，君與夫人交獻，以嘉魂魄，是謂合莫。

「然後退而合亨，體其犬豕牛羊，實其簠、簋、籩、豆、鉶羹。祝以孝告，嘏以慈告，是謂大祥。此禮之大成也。

孔子曰：「於呼哀哉！我觀周道，幽、厲傷之，吾舍魯何適矣！魯之郊、禘，非禮也，周公其衰矣！杞之郊也，禹也；宋之郊也，契也。是天子之事守也。故天子祭天地，諸侯祭社稷。

「祝、嘏莫敢易其常古，是謂大假。

「祝、嘏辭說，藏於宗、祝、巫、史，非禮也，是謂幽國。醆、斝及尸君，非禮也，是謂僭君。

「冕、弁、兵、革藏於私家，非禮也，是謂脅君。

「大夫具官，祭器不假，聲樂皆具，非禮也，是謂亂國。

「故仕於公曰臣，仕於家曰僕。三年之喪，與新有昏者，期不使。以衰裳入朝，與家僕雜居齊齒，非禮也，是謂君與臣同國。故天子有田以處其子孫，諸侯有國以處其子孫，大夫有采以處其子孫，是謂制度。故天子適諸侯，必舍其祖廟，而不以禮籍入，是謂天子壞法亂紀。諸侯非問疾弔喪而入諸臣之家，是謂君臣為謔。

「是故禮者，君之大柄也，所以別嫌明微，儐鬼神，考制度，別仁義，所以治政安君也。故政不正，則君位危，君位危，則大臣倍，小臣竊。刑肅而俗敝，則法無常。法無常，而禮無列。禮無列，則士不事也。刑肅而俗敝，則民弗歸也，是謂疵國。

「故政者，君之所以藏身也。是故夫政必本於天，殽以降命。命降于社之謂殽地；降于祖廟之謂仁義，降於山川之謂興作，降於五祀之謂制度。此聖人所以藏身之固也。

「故聖人參於天地，並於鬼神，以治政也。處其所存，禮之序也；玩其所樂，民之治也。故天生時而地生財，人、其父生而師教之，四者，君以正用之，故君者立於無過之地也。

「故君者所明也，非明人者也。君者所養也，非養人者也。君者所事也，非事人者也。故君明人則有過，養人則不足，事人則失位。故百姓則君以自治也，養君以自安也，事君以自顯也。故禮達而分定，故人皆愛其死而患其生。

「故用人之知去其詐，用人之勇去其怒，用人之仁去其貪。

「故國有患，君死社稷謂之義，大夫死宗廟謂之變。

「故聖人耐以天下為一家，以中國為一人者，非意之也，必知其情，辟於其義，明於其利，達於其患，然後能為之。

「何謂人情？喜、怒、哀、懼、愛、惡、欲，七者，弗學而能。何謂人義？父慈、子孝、兄良、弟弟、夫義、婦聽、長惠、幼順、君仁、臣忠，十者，謂之人義。講信修睦，謂之人利。爭奪相殺，謂之人患。故聖人之所以治人七情，修十義，講信修睦，尚辭讓，去爭奪，舍禮何以治之？飲食男女，人之大欲存焉。死亡貧苦，人之大惡存焉。故欲惡者，心之大端也。人藏其心，不可測度也，美惡皆在其心，不見其色也，欲一以窮之，舍禮何以哉？

「故人者，其天地之德，陰陽之交，鬼神之會，五行之秀氣也。

「故天秉陽，垂日星；地秉陰，竅於山川。播五行於四時，和而后月生也。是以三五而盈，三五而闕。五行之動，迭相竭也。五行、四時、十二月，還相為本也。五聲、六律、十二管，還相為宮也。五味、六和、十二食，還相為質也。五色、六章、十二衣，還相為質也。

「故人者，天地之心也，五行之端也，食味、別聲、被色而生者也。故聖人作，則必以天地為本，以陰陽為端，以四時為柄，以日星為紀，月以為量，鬼神以為徒，五行以為質，禮義以為器，人情以為田，四靈以為畜。以天地為本，故物可舉也。以陰陽為端，故情可睹也。以

四時為柄，故事可勸也。以日星為紀，故事可列也。月以為量，故功有藝也。鬼神以為徒，故事有守也。五行以為質，故事可復也。禮義以為器，故事行有考也，人情以為田，故人以為奧也。四靈以為畜，故飲食有由也。何謂四靈？麟、鳳、龜、龍，謂之四靈。故龍以為畜，故魚鮪不淰。鳳以為畜，故鳥不獝。麟以為畜，故獸不狘。龜以為畜，故人情不失。

「故先王秉蓍龜，列祭祀，瘞繒，宣祝嘏辭說，設制度，故國有禮，官有御，事有職，禮有序。

「故先王患禮之不達於下也。

「故祭帝於郊，所以定天位也，祀社於國，所以列地利也，祖廟、所以本仁也，山川、所以儐鬼神也，五祀、所以本事也。故宗祝在廟，三公在朝，三老在學。王前巫而後史，卜筮瞽侑皆在左右，王中心無為也，以守至正。

「故禮行於郊而百神受職焉，禮行於社而百貨可極焉，禮行於祖廟而孝慈服焉，禮行於五祀而正法則焉。故自郊、社、祖廟、山川、五祀，義之脩而禮之藏也。

「是故夫禮，必本於大一，分而為天地，轉而為陰陽，變而為四時，列而為鬼神。其降曰命，其官於天也。

「夫禮必本於天，動而之地，列而之事，變而從時，協於分藝，其居人也曰養，其行之以貨、力、辭讓：飲、食、冠、昏、喪、祭、射、御、朝、聘。

「故禮義也者，人之大端也，所以講信脩睦而固人之肌膚之會、筋骸之（束）〔束〕也。所以養生送死、事鬼神之大端也。所以達天道、順人情之大竇也。

「故唯聖人為知禮之不可以已也，故壞國、喪家、亡人，必先去其禮。故禮之於人也，猶酒之有糵也，君子以厚，小人以薄。

「故聖王脩義之柄，禮之序，以治人情。故人情者，聖王之田也。脩禮以耕之，陳義以種之，講學以耨之，本仁以聚之，播樂以安之。故禮也者，義之實也。協諸義而協，則禮雖先王未之有，可以義起也。義者，藝之分，仁之節也。協於藝，講於仁，得之者強。仁者，義之

62

本也，順之體也，得之者尊。故治國不以禮，猶無耜而耕也。為禮不本於義，猶耕而弗種也。為義而不講之以學，猶種而弗耨也。講之於學而不合之以仁，猶耨而弗穫也。合之以仁而不安之以樂，猶穫而弗（肥）〔食〕也。安之以樂而不達於順，猶食而弗（食）〔肥〕也。四體既正，膚革充盈，人之肥也。父子篤，兄弟睦，夫婦和，家之肥也。大臣法，小臣廉，官職相序，君臣相正，國之肥也。天子以德為車，以樂為御。諸侯以禮相與，大夫以法相序，士以信相考，百姓以睦相守，天下之肥也。是謂大順。大順者，所以養生送死、事鬼神之常也。故事大積焉而不苑，並行而不繆，細行而不失。深而通，茂而有間。連而不相及也，動而不相害也，此順之至也。故明於順，然後能守危也。

「故禮之不同也，不豐也，不殺也，所以持情而合危也。故聖王所以順，山者不使居川，不使渚者居中原，而弗敝也。用水、火、金、木、飲食必時。合男女，頒爵位，必當年德。用民必順。故無水旱昆蟲之災，民無凶饑妖孽之疾。故天不愛其道，地不愛其寶，人不愛其情。故天降膏露，地出醴泉，山出器車，河出馬圖，鳳皇、麒麟皆在郊棷，龜、龍在宮沼；其餘鳥獸之卵胎，皆可俯而闚也。則是無故，先王能脩禮以達義，體信以達順故，此順之實也。」

禮器

禮器，是故大備。大備，盛德也。禮釋回，增美質。措則正，施則行。其在人也，如竹箭之有筍也；如松柏之有心也。二者居天下之大端矣。故貫四時而不改柯易葉。故君子有禮，則外諧而內無怨，故物無不懷仁，鬼神饗德。

先王之立禮也，有本有文。忠信，禮之本也；義理，禮之文也。無本不立，無文不行。

禮也者，合於天時，設於地財，順於鬼神，合於人心，理萬物者也。是故天時有生也，地理有宜也，人官有能也，物曲有利也。故天不生，地不養，君子不以為禮，鬼神弗饗也。居山以魚鱉為禮，居澤以鹿豕為禮，君子謂之不知禮。故必舉其定國之數，以為禮之大經，禮之大

倫。以地廣狹，禮之薄厚，與年之上下。是故年雖大殺，眾不匡懼。則上之制禮也節矣。

禮，時為大，順次之，體次之，宜次之，稱次之。堯授舜，舜授禹。湯放桀，武王伐紂。時也。《詩》云：「匪革其猶，聿追來孝。」

天地之祭，宗廟之事，父子之道，君臣之義，倫也。

社稷山川之事，鬼神之祭，體也。

喪祭之用，賓客之交，義也。

羔、豚而祭，百官皆足；大牢而祭，不必有餘，此之謂稱也。諸侯以龜為寶，以圭為瑞。家不寶龜，不藏圭，不臺門，言有稱也。

禮，有以多為貴者：天子七廟，諸侯五，大夫三，士一。天子之豆二十有六，諸公十有六，諸侯十有二，上大夫八，下大夫六。諸侯七介、七牢，大夫五介、五牢。天子之席五重，諸侯之席三重，大夫再重。天子崩，七月而葬，五重八翣；諸侯五月而葬，三重六翣；大夫三月而葬，再重四翣。此以多為貴也。

有以少為貴者：天子無介。祭天特牲。天子適諸侯，諸侯膳以犢。諸侯相朝，灌用鬱鬯，無籩、豆之薦。大夫聘禮以脯、醢。天子一食，諸侯再，大夫士三，食力無數。大路繁纓一就，次路繁纓七就。圭、璋特，琥、璜爵。鬼神之祭單席。諸侯視朝，大夫特，士旅之。此以少為貴也。

有以大為貴者：宮室之量，器皿之度，棺椁之厚，丘封之大。此以大為貴也。

有以小為貴者：宗廟之祭，貴者獻以爵，賤者獻以散；尊者舉觶，卑者舉角。五獻之尊：門外缶，門內壺，君尊瓦甒。此以小為貴也。

有以高為貴者：天子之堂九尺，諸侯七尺，大夫五尺，士三尺。天子諸侯臺門，此以高為貴也。

有以下為貴者：至敬不壇，埽地而祭。天子諸侯之尊廢禁，大夫士棜、禁，此以下為貴也。

禮有以文為貴者：天子龍袞，諸侯黼，大夫黻，士玄衣纁裳。天子之冕，朱綠藻，十有二旒，諸侯九，上大夫七，下大夫五，士三，此以文為貴也。

有以素為貴者：至敬無文，父黨無容，大圭不琢，大羹不和，大路素而越席，犧尊疏布鼏，樿杓；此以素為貴也。孔子曰：「禮，不可不省也！禮不同，不豐，不殺。」此之謂也。蓋言稱也。

禮之以多為貴者，以其外心者也；德發揚，詡萬物，大理物博，如此，則得不以多為貴乎？故君子樂其發也。禮之以少為貴者，以其內心者也。德產之致也精微，觀天下之物無可以稱其德者，如此，則得不以少為貴乎？是故君子慎其獨也。

古之聖人，內之為尊，外之為樂，少之為貴，多之為美。是故先王之制禮也，不可多也，不可寡也，唯其稱也。

是故君子大牢而祭，謂之禮；匹士大牢而祭，謂之攘。管仲鏤簋、朱紘，山節、藻梲，君子以為濫矣。晏平仲祀其先人，豚肩不揜豆。澣衣濯冠以朝，君子以為隘矣。是故君子之行禮也，不可不慎也；眾之紀也，紀散而眾亂。孔子曰：「我戰則克，祭則受福，蓋得其道矣。」君子曰：「祭祀不祈，不麾蚤，不樂葆大，不善嘉事，牲不及肥大，薦不美多品。」

孔子曰：「臧文仲安知禮！夏父弗綦逆祀而弗止也。燔柴於奧，夫奧者，老婦之祭也，盛於盆，尊於瓶。」禮也者，猶體也。體不備，君子謂之不成人。設之不當，猶不備也。禮有大有小，有顯有微。大者不可損，小者不可益，顯者不可揜，微者不可大也。故經禮三百，曲禮三千，其致一也。未有入室而不由戶者。君子之於禮也，有所竭情盡慎，致其敬而誠若，有美而文而誠若。君子之於禮也，有直而行也，有曲而殺也，有經而等也，有順而討也，有撕而播也，有推而進也，有放而文也，有放而不致也，有順而摭也。三代之禮一也，民共由之。或素或青，夏造殷因。

周坐尸，詔侑武方；其禮亦然，其道一也；夏立尸而卒祭；殷坐尸。周旅酬六尸，曾子曰：「周禮其猶醵與！」

君子曰：「禮之近人情者，非其至者也。郊血，大饗腥，三獻爓，一獻孰。」是故君子之於禮也，非作而致其情也，此有由始也。是故七介以相見也，不然則已愨。三辭三讓而至，不然則已蹙。故魯人將有事於上帝，必先有事於頖宮。晉人將有事於河，必先有事於惡池。齊

人將有事於泰山，必先有事於配林。三月繫，七日戒，三日宿，慎之至也。

故禮有擯詔，樂有相步，溫之至也。禮也者，反本（脩）〔循〕古，不忘其初者也。故凶事不詔，朝事以樂。醴酒之用，玄酒之尚。割刀之用，鸞刀之貴。莞簟之安，而稾鞂之設。是故先王之制禮也，必有主也，故可述而多學也。

君子曰：「無節於內者，觀物弗之察矣。欲察物而不由禮，弗之得矣。故作事不以禮，弗之敬矣。出言不以禮，弗之信矣。故曰：禮也者，物之致也。

是故昔先王之制禮也，因其財物而致其義焉爾。故作大事必順天時，為朝夕必放於日月，為高必因丘陵，為下必因川澤。是故天時雨澤，君子達亹亹焉。是故昔先王尚有德，尊有道，任有能。舉賢而置之，聚眾而誓之。是故因天事天，因地事地，因名山升中于天，因吉土以饗帝于郊。升中于天，而鳳凰降，龜龍假。饗帝於郊，而風雨節，寒暑時。是故聖人南面而立而天下大治。

天道至教，聖人至德。廟堂之上，罍尊在阼，犧尊在西。廟堂之下，縣鼓在西，應鼓在東。君在阼，夫人在房。大明生於東，月生於西，此陰陽之分，夫婦之位也。君西酌犧象，夫人東酌罍尊，禮交動乎上，樂交應乎下，和之至也。

禮也者，反其所自生；樂也者，樂其所自成。是故先王之制禮也以節事，脩樂以道志。故觀其禮樂，而治亂可知也。蘧伯玉曰：「君子之人達。」故觀其器，而知其工之巧；觀其發，而知其人之知。故曰：君子慎其所以與人者。

（太）〔大〕廟之內敬矣！君親牽牲，大夫贊幣而從。君親制祭，夫人薦盎。君親割牲，夫人薦酒。卿大夫從君，命婦從夫人。洞洞乎其敬也，屬屬乎其忠也，勿勿乎其欲其饗之也。納牲詔於庭，血、毛詔於室，羹定詔於堂，三詔皆不同位，蓋道求而未之得也。設祭于堂，為祊乎外，故曰：於彼乎？於此乎？

一獻質，三獻文，五獻察，七獻神。

大饗，其王事與？三牲、魚、腊，四海九州之美味也，籩、豆之薦，四時之和氣也。內金，示和也。束帛加璧，尊德也。龜為前列，先知也。金次之，見情也。丹、漆、絲、纊、竹、箭，與眾共財也。其餘無常貨，各以其國之所有，則致遠物也。其出也，《肆夏》而送之，蓋重禮也。

祀帝於郊，敬之至也。宗廟之祭，仁之至也。喪禮，忠之至也。備服器，仁之至也。賓客之用幣，義之至也。故君子欲觀仁義之道，禮其本也。君子曰：「甘受和，白受采；忠信之人，可以學禮。苟無忠信之人，則禮不虛道。是以得其人之為貴也。」

孔子曰：「誦詩三百，不足以一獻。一獻之禮，不足以大饗，大饗之禮，不足以大旅，大旅具矣，不足以饗帝。毋輕議禮！」子路為季氏宰。季氏祭，逮闇而祭，日不足，繼之以燭。雖有強力之容，肅敬之心，皆倦怠矣。有司跛倚以臨祭，其為不敬大矣。他日祭，子路與，室事交乎戶，堂事交乎階，質明而始行事，晏朝而退。孔子聞之，曰：「誰謂由也而不知禮乎？

郊特牲

郊特牲，而社稷大牢。天子適諸侯，諸侯膳用犢；諸侯適天子，天子賜之禮大牢；貴誠之義也。故天子牲孕弗食也，祭帝弗用也。大路繁纓一就，先路三就，次路五就。郊血，大饗腥，三獻爓，一獻熟；至敬不饗味而貴氣臭也。諸侯為賓，灌用郁鬯。灌用臭也，大饗，尚腶修而已矣。大饗，君三重席而酢焉。三獻之介，君專席而酢焉。此降尊以就卑也。饗禘有樂，而食嘗無樂，陰陽之義也。凡飲，養陽氣也；凡食，養陰氣也。故春禘而秋嘗；春饗孤子，秋食耆老，其義一也。而食嘗無樂。飲，養陽氣也，故有樂；食，養陰氣也，故無聲。凡聲，陽也。鼎俎奇而籩豆偶，陰陽之義也。籩豆之實，水土之品也。不敢用褻味而貴多品，所以交於旦明之義也。賓入大門而奏《肆夏》，示易以敬也。卒爵而樂闋，孔子屢嘆之。奠酬而工升歌，發德也。歌者在上，匏竹在下，貴人聲也。樂由陽來者也，禮由陰作者也，陰陽和而萬物得。旅幣無方，所以別土地之宜而節遠邇之期也。龜為前列，

先知也，以鐘次之，以和居參之也。虎豹之皮，示服猛也。束帛加璧，往德也。庭燎之百，由齊桓公始也。大夫之奏《肆夏》也，由趙文子始也。朝覲，大夫之私覿，非禮也。大夫執圭而使，所以申信也；不敢私覿，所以致敬也；而庭實私覿，何為乎諸侯之庭？為人臣者，無外交，不敢貳君也。大夫而饗君，非禮也。大夫強而君殺之，義也；由三桓始也。天子無客禮，莫敢為主焉。君適其臣，升自阼階，不敢有其室也。覲禮，天子不下堂而見諸侯。下堂而見諸侯，天子之失禮也，由夷王以下。諸侯之宮縣，而祭以白牡，擊玉磬，朱干設錫，冕而舞《大武》，乘大路，諸侯之僭禮也。臺門而旅樹，反坫，繡黼，丹朱中衣，大夫之僭禮也。故天子微，諸侯僭；大夫強，諸侯脅。於此相貴以等，相覿以貨，相賂以利，而天下之禮亂矣。諸侯不敢祖天子，大夫不敢祖諸侯。而公廟之設於私家，非禮也，由三桓始也。天子存二代之後，猶尊賢也，尊賢不過二代。諸侯不臣寓公。故古者寓公不繼世。君之南鄉，答陽之義也。臣之北面，答君也。大夫之臣不稽首，非尊家臣，以辟君也。大夫有獻弗親，君有賜不面拜，為君之答己也。鄉人禓，孔子朝服立于阼，存室神也。孔子曰：「射之以樂也，何以聽，何以射？」孔子曰：「士，使之射，不能，則辭以疾。縣弧之義也。」孔子曰：「三日齊，一日用之，猶恐不敬；二日伐鼓，何居？」孔子曰：「繹之於庫門內，祊之於東方，朝市之於西方，失之矣。

社祭土而主陰氣也。君南鄉於北墉下，答陰之義也。日用甲，用日之始也。天子大社必受霜露風雨，以達天地之氣也。是故喪國之社屋之，不受天陽也。薄社北牖，使陰明也。社所以神地之道也。地載萬物，天垂象。取財於地，取法於天，是以尊天而親地也，故教民美報焉。家主中溜而國主社，示本也。唯為社事，單出里。唯為社田，國人畢作。唯社，丘乘共粢盛，所以報本反始也。季春出火，為焚也。然後簡其車賦，而歷其卒伍，而君親誓社，以習軍旅。左之右之，坐之起之，以觀其習變也；而流示之禽，而鹽諸利，以觀其不犯命也。求服其志，不貪其得，故以戰則克，以祭則受福。

天子適四方，先柴。郊之祭也，迎長日之至也，大報天而主日也。兆
於南郊，就陽位也。掃地而祭，於其質也。器用陶匏，以象天地之性
也。於郊，故謂之郊。牲用騂，尚赤也；用犢，貴誠也。郊之用辛也，
周之始郊日以至。卜郊，受命于祖廟，作龜于禰宮，尊祖親考之義也。
卜之日，王立于澤，親聽誓命，受教諫之義也。獻命庫門之內，戒百
官也。大廟之命，戒百姓也。祭之日，王皮弁以聽祭報，示民嚴上也。
喪者不哭，不敢兇服，氾掃反道，鄉為田燭。弗命而民聽上。祭之日，
王被袞以象天，戴冕，璪十有二旒，則天數也。乘素車，貴其質也。
旗十有二旒，龍章而設日月，以象天也。天垂象，聖人則之。郊所以
明天道也。帝牛不吉，以為稷牛。帝牛必在滌三月，稷牛唯具。所以
別事天神與人鬼也。萬物本乎天，人本乎祖，此所以配上帝也。郊之
祭也，大報本反始也。

天子大蠟八。伊耆氏始為蠟，蠟也者，索也。歲十二月，合聚萬物而
索饗之也。蠟之祭也：主先嗇，而祭司嗇也。祭百種以報嗇也。饗農
及郵表畷，禽獸，仁之至、義之盡也。古之君子，使之必報之。迎貓，
為其食田鼠也；迎虎，為其食田豕也，迎而祭之也。祭坊與水庸，事
也。曰「土反其宅」，水歸其壑，昆蟲毋作，草木歸其澤。皮弁素服
而祭。素服，以送終也。葛帶榛杖，喪殺也。蠟之祭，仁之至、義之
盡也。黃衣黃冠而祭，息田夫也。野夫黃冠；黃冠，草服也。大羅氏，
天子之掌鳥獸者也，諸侯貢屬焉。草笠而至，尊野服也。羅氏致鹿與
女，而詔客告也。以戒諸侯曰：「好田好女者亡其國。」天子樹瓜華，
不斂藏之種也。八蠟以記四方。四方年不順成，八蠟不通，以謹民財
也。順成之方，其蠟乃通，以移民也。既蠟而收，民息已。故既蠟，
君子不興功。

恒豆之菹，水草之和氣也；其醢，陸產之物也。加豆，陸產也；其醢，
水物也。籩豆之薦，水土之品也，不敢用常褻味而貴多品，所以交於
神明之義也，非食味之道也。先王之薦，可食也而不可耆也。卷冕路
車，可陳也而不可好也。武壯，而不可樂也。宗廟之威，而不可安也。
宗廟之器，可用也而不可便其利也，所以交於神明者，不可以同於所
安樂之義也。酒醴之美，玄酒明水之尚，貴五味之本也。黼黻文繡之

美，疏布之尚，反女功之始也。莞簟之安，而蒲越稾鞂之尚，明之也。大羹不和，貴其質也。大圭不琢，美其質也。丹漆雕几之美，素車之乘，尊其樸也，貴其質而已矣。所以交於神明者，不可同於所安褻之甚也。如是而後宜。鼎俎奇而籩豆偶，陰陽之義也。黃目，郁氣之上尊也。黃者中也；目者氣之清明者也。言酌於中而清明於外也，祭天，掃地而祭焉，於其質而已矣。醯醢之美，而煎鹽之尚，貴天產也。割刀之用，而鸞刀之貴，貴其義也。聲和而後斷也。

冠義：始冠之，緇布之冠也。大古冠布，齊則緇之。其緌也，孔子曰：「吾未之聞也。冠而敝之可也。」適子冠於阼，以著代也。醮於客位，加有成也。三加彌尊，喻其志也。冠而字之，敬其名也。委貌，周道也。章甫，殷道也。毋追，夏後氏之道也。周弁，殷冔，夏收。三王共皮弁素積。無大夫冠禮，而有其昏禮。古者，五十而後爵，何大夫冠禮之有？諸侯之有冠禮，夏之末造也。天子之元子，士也。天下無生而貴者也。繼世以立諸侯，象賢也。以官爵人，德之殺也。死而謚，今也；古者生無爵，死無謚。禮之所尊，尊其義也。失其義，陳其數，祝史之事也。故其數可陳也，其義難知也。知其義而敬守之，天子之所以治天下也。

天地合而後萬物興焉。夫昏禮，萬世之始也。取於異姓，所以附遠厚別也。幣必誠，辭無不腆。告之以直信；信，事人也；信，婦德也。壹與之齊，終身不改。故夫死不嫁。男子親迎，男先於女，剛柔之義也。天先乎地，君先乎臣，其義一也。執摯以相見，敬章別也。男女有別，然後父子親，父子親然後義生，義生然後禮作，禮作然後萬物安。無別無義，禽獸之道也。婿親御授綏，親之也。親之也者，親之也。敬而親之，先王之所以得天下也。出乎大門而先，男帥女，女從男，夫婦之義由此始也。婦人，從人者也；幼從父兄，嫁從夫，夫死從子。夫也者，夫也；夫也者，以知帥人者也。玄冕齋戒，鬼神陰陽也。將以為社稷主，為先祖後，而可以不致敬乎？共牢而食，同尊卑也。故婦人無爵，從夫之爵，坐以夫之齒。器用陶匏，尚禮然也。三王作牢用陶匏。厥明，婦盥饋。舅姑卒食，婦餕餘，私之也。舅姑降自西階，婦降自阼階，授之室也。昏禮不用樂，幽陰之義也。樂，陽

氣也。昏禮不賀，人之序也。

有虞氏之祭也，尚用氣；血腥爓祭，用氣也。殷人尚聲，臭味未成，滌蕩其聲；樂三闋，然後出迎牲。聲音之號，所以詔告於天地之間也。周人尚臭，灌用鬯臭，郁合鬯；臭，陰達於淵泉。灌以圭璋，用玉氣也。既灌，然後迎牲，致陰氣也。蕭合黍稷；臭，陽達於墙屋。故既奠，然後焫蕭合羶薌。凡祭，慎諸此。魂氣歸于天，形魄歸于地。故祭，求諸陰陽之義也。殷人先求諸陽，周人先求諸陰。詔祝於室，坐尸於堂，用牲於庭，升首於室。直祭，祝于主；索祭，祝于祊。不知神之所在，於彼乎？於此乎？或諸遠人乎？祭于祊，尚曰求諸遠者與？祊之為言倞也，肵之為言敬也。富也者福也，首也者，直也。相，饗之也。嘏，長也，大也。尸，陳也。毛血，告幽全之物也。告幽全之物者，貴純之道也。血祭，盛氣也。祭肺肝心，貴氣主也。祭黍稷加肺，祭齊加明水，報陰也。取膟菅燔燎，升首，報陽也。明水涗齊，貴新也。凡涗，新之也。其謂之明水也，由主人之絜著此水也。君再拜稽首，肉袒親割，敬之至也。敬之至也，服也。拜，服也；稽首，服之甚也；肉袒，服之盡也。祭稱孝孫孝子，以其義稱也；稱曾孫某，謂國家也。祭祀之相，主人自致其敬，盡其嘉，而無與讓也。腥肆爓腍祭，豈知神之所饗也？主人自盡其敬而已矣。舉斚角，詔妥尸。古者，尸無事則立，有事而後坐也。尸，神象也。祝，將命也。縮酌用茅，明酌也。醆酒涗于清，汁獻涗于醆酒；猶明清與醆酒于舊澤之酒也。祭有祈焉，有報焉，有由辟焉。齊之玄也，以陰幽思也。故君子三日齊，必見其所祭者。

內則

後王命冢宰，降德於眾兆民。子事父母，雞初鳴，咸盥漱，櫛縰笄總，拂髦冠緌纓，端韠紳，搢笏。左右佩用，左佩紛帨、刀、礪、小觿、金燧，右佩玦、捍、管、遰、大觿、木燧，偪，屨著綦。婦事舅姑，如事父母。雞初鳴，咸盥漱，櫛縰，笄總，衣紳。左佩紛帨、刀、礪、小觿、金燧，右佩箴、管、線、纊，施縏帙，大觿、木燧、衿纓，綦屨。以適父母舅姑之所，及所，下氣怡聲，問衣燠寒，疾痛苛癢，而

敬抑搔之。出入，則或先或後，而敬扶持之。進盥，少者奉盤，長者奉水，請沃盥，盥卒授巾。問所欲而敬進之，柔色以溫之，饘酏、酒醴、芼羹、菽麥、蕢稻、黍粱，秫唯所欲，棗、栗、飴、蜜以甘之，堇、荁、枌、榆免藁薧滫瀡以滑之，脂膏以膏之，父母舅姑必嘗之而後退。男女未冠笄者，雞初鳴，咸盥漱，櫛縰，拂髦總角，衿纓，皆佩容臭，昧爽而朝，問何食飲矣。若已食則退，若未食則佐長者視具。凡內外，雞初鳴，咸盥漱，衣服，斂枕簟，灑掃室堂及庭，布席，各從其事。孺子蚤寢晏起，唯所欲，食無時。由命士以上，父子皆異宮。昧爽而朝，慈以旨甘，日出而退，各從其事，日入而夕，慈以旨甘。父母舅姑將坐，奉席請何鄉；將衽，長者奉席請何趾。少者執床與坐，御者舉几，斂席與簟，縣衾篋枕，斂簟而襡之。父母舅姑之衣衾簟席枕几不傳，杖屨只敬之，勿敢近。敦牟卮匜，非餕莫敢用；與恒食飲，非餕，莫之敢飲食。父母在，朝夕恒食，子婦佐餕，既食恒餕，父沒母存，冢子御食，群子婦佐餕如初，旨甘柔滑，孺子餕。在父母舅姑之所，有命之，應唯敬對。進退周旋慎齊，升降出入揖游，不敢噦噫、嚏咳、欠伸、跛倚、睇視，不敢唾洟；寒不敢襲，癢不敢搔；不有敬事，不敢袒裼，不涉不撅，褻衣衾不見里。父母唾洟不見，冠帶垢，和灰請漱；衣裳垢，和灰請浣；衣裳綻裂，紉箴請補綴。五日，則燖湯請浴，三日具沐，其間面垢，燂潘請靧；足垢，燂湯請洗。少事長，賤事貴，共帥時。男不言內，女不言外。非祭非喪，不相授器。其相授，則女受以篚，其無篚則皆坐奠之而後取之。外內不共井，不共湢浴，不通寢席，不通乞假，男女不通衣裳，內言不出，外言不入。男子入內，不嘯不指，夜行以燭，無燭則止。女子出門，必擁蔽其面，夜行以燭，無燭則止。道路：男子由右，女子由左。子婦孝者、敬者，父母舅姑之命，勿逆勿怠。若飲食之，雖不耆，必嘗而待；加之衣服，雖不欲，必服而待；加之事，人待之，己雖弗欲，姑與之，而姑使之，而後復之。子婦有勤勞之事，雖甚愛之，姑縱之，而寧數休之。子婦未孝未敬，勿庸疾怨，姑教之；若不可教，而後怒之；不可怒，子放婦出，而不表禮焉。父母有過，下氣怡色，柔聲以諫。諫若不入，起敬起孝，說則復諫；不說，與其得罪於鄉黨州閭，寧孰諫。父母怒、

不說，而撻之流血，不敢疾怨，起敬起孝。父母有婢子若庶子、庶孫，甚愛之，雖父母沒，沒身敬之不衰。子有二妾，父母愛一人焉，子愛一人焉，由衣服飲食，由執事，毋敢視父母所愛，雖父母沒不衰。子甚宜其妻，父母不說，出；子不宜其妻，父母曰：「是善事我。」子行夫婦之禮焉，沒身不衰。

父母雖沒，將為善，思貽父母令名，必果；將為不善，思貽父母羞辱，必不果。舅沒則姑老，冢婦所祭祀、賓客，每事必請於姑，介婦請於冢婦。舅姑使冢婦，毋怠，不友無禮於介婦。舅姑若使介婦，毋敢敵耦於冢婦，不敢并行，不敢并命，不敢并坐。凡婦，不命適私室，不敢退。婦將有事，大小必請於舅姑。子婦無私貨，無私畜，無私器，不敢私假，不敢私與。婦或賜之飲食、衣服、布帛、佩帨、茝蘭，則受而獻諸舅姑，舅姑受之則喜，如新受賜，若反賜之則辭，不得命，如更受賜，藏以待乏。婦若有私親兄弟將與之，則必復請其故，賜而後與之。適子庶子只事宗子宗婦，雖貴富，不敢以貴富入宗子之家，雖眾車徒舍於外，以寡約入。子弟猶歸器衣服裘衾車馬，則必獻其上，而後敢服用其次也；若非所獻，則不敢以入於宗子之門，不敢以貴富加於父兄宗族。若富，則具二牲，獻其賢者於宗子，夫婦皆齊而宗敬焉，終事而後敢私祭。

飯：黍，稷，稻，粱，白黍，黃粱，稰，穛。

膳：膷，臐，膮，醢，牛炙。醢，牛胾，醢，牛膾。羊炙，羊胾，醢，豕炙。醢，豕胾，芥醬，魚膾。雉，兔，鶉，鷃。

飲：重醴，稻醴清糟，黍醴清糟，粱醴清糟，或以酏為醴，黍酏，漿，水，醷，濫。

酒：清、白。

羞：糗，餌，粉，酏。

食：蝸醢而苽食，雉羹；麥食，脯羹，雞羹；析稌，犬羹，兔羹；和糝不蓼。濡豚，包苦實蓼；濡雞，醢醬實蓼；濡魚，卵醬實蓼；濡鱉，醢醬實蓼。腶修，蚳醢，脯羹，兔醢，麋膚，魚醢，魚膾，芥醬，麋腥，醢，醬，桃諸，梅諸，卵鹽。

凡食齊視春時，羹齊視夏時，醬齊視秋時，飲齊視冬時。凡和，春多

酸，夏多苦，秋多辛，冬多鹹，調以滑甘。牛宜稌，羊宜黍，豕宜稷，犬宜粱，雁宜麥，魚宜苽。春宜羔豚膳膏薌，夏宜腒鱐膳膏臊，秋宜犢麛膳膏腥，冬宜鮮羽膳膏羶。牛修，鹿脯，田豕脯，麋脯，麕脯，麕、鹿、田豕、麕，皆有軒，雉兔皆有芼。爵，鷃，蜩，范，芝栭，菱，椇，棗，栗，榛，柿，瓜，桃，李，梅，杏，楂，梨，姜，桂。大夫燕食，有膾無脯，有脯無膾。士不貳羹胾，庶人耆老不徒食。膾：春用蔥，秋用芥、豚；春用韭，秋用蓼。脂用蔥，膏用薤，三牲用藙，和用醯，獸用梅。鶉羹、雞羹、鴽，釀之蓼。魴鱮烝，雛燒，雉，薌無蓼。不食雛鱉，狼去腸，狗去腎，狸去正脊，兔去尻，狐去首，豚去腦，魚去乙，鱉去醜。肉曰脫之，魚曰作之，棗曰新之，栗曰撰之，桃曰膽之，柤梨曰攢之。牛夜鳴則庮，羊泠毛而毳、膻，狗赤股而躁、臊，鳥麃色而沙鳴、郁，豕望視而交睫、腥，馬黑脊而般臂、漏，雛尾不盈握弗食，舒雁翠，鵠鴞胖，舒鳧翠，雞肝，雁腎，鴇奧，鹿胃。肉腥細者為膾，大者為軒；或曰麋鹿魚為菹，麕為辟雞，野豕為軒，兔為宛脾，切蔥若薤，實諸醯以柔之。羹食，自諸侯以下至於庶人無等。大夫無秩膳，大夫七十而有閣，天子之閣。左達五，右達五，公侯伯於房中五，大夫於閣三，士於坫一。

凡養老：有虞氏以燕禮，夏後氏以饗禮，殷人以食禮，周人修而兼用之。凡五十養於鄉，六十養於國，七十養於學，達於諸侯。八十拜君命，一坐再至，瞽亦如之，九十者使人受。五十異粻，六十宿肉，七十貳膳，八十常珍，九十飲食不離寢，膳飲從於游可也。六十歲制，七十時制，八十月制，九十日修，唯絞紟衾冒，死而後制。五十始衰，六十非肉不飽，七十非帛不暖，八十非人不暖，九十雖得人不暖矣。五十杖於家，六十杖於鄉，七十杖於國，八十杖於朝，九十者天子欲有問焉，則就其室以珍從。七十不俟朝，八十月告存，九十日有秩。五十不從力政，六十不與服戎，七十不與賓客之事，八十齊喪之事弗及也。五十而爵，六十不親學，七十致政；凡自七十以上，唯衰麻為喪。凡三王養老皆引年，八十者一子不從政，九十者其家不從政；瞽亦如之。凡父母在，子雖老不坐。有虞氏養國老於上庠，養庶老於下庠；夏後氏養國老於東序，養庶老於西序；殷人養國老於右學，養庶

老於左學；周人養國老於東膠，養庶老於虞庠，虞庠在國之西郊。有
虞氏皇而祭，深衣而養老；夏後氏收而祭，燕衣而養老；殷人冔而祭，
縞衣而養老；周人冕而祭，玄衣而養老。

曾子曰：「孝子之養老也，樂其心不違其志，樂其耳目，安其寢處，
以其飲食忠養之孝子之身終，終身也者，非終父母之身，終其身也；
是故父母之所愛亦愛之，父母之所敬亦敬之，至於犬馬盡然，而況於
人乎！」凡養老，五帝憲，三王有乞言。五帝憲，養氣體而不乞言，
有善則記之為惇史。三王亦憲，既養老而後乞言，亦微其禮，皆有惇
史。

淳熬：煎醢，加于陸稻上，沃之以膏曰淳熬。淳毋煎醢，加于黍食上，
沃之以膏曰淳毋。

炮：取豚若將，刲之刳之，實棗於其腹中，編萑以苴之，涂之以謹涂，
炮之，涂皆乾，擘之，濯手以摩之，去其皽，為稻粉糔溲之以為酏，
以付豚煎諸膏，膏必滅之，鉅鑊湯以小鼎薌脯於其中，使其湯毋滅鼎，
三日三夜毋絕火，而後調之以醯醢。

擣珍：取牛羊麋鹿麇之肉必脄，每物與牛若一捶，反側之，去其餌，
熟出之，去其餌，柔其肉。

漬：取牛肉必新殺者，薄切之，必絕其理；湛諸美酒，期朝而食之以
醢若醯醷。

為熬：捶之，去其皽，編萑布牛肉焉，屑桂與姜以灑諸上而鹽之，乾
而食。施羊亦如之，施麋、施鹿、施麇皆如牛羊。欲濡肉則釋而煎
之以醢，欲乾肉則捶而食之。

糝：取牛羊豕之肉，三如一小切之，與稻米；稻米二肉一，合以為餌
煎之。

肝膋：取狗肝一，幪之，以其膋濡炙之，舉焦，其膋不蓼；取稻米舉
糔溲之，小切狼臅膏，以與稻米為酏。

禮，始於謹夫婦，為宮室，辨外內。男子居外，女子居內，深宮固門，
閽寺守之。男不入，女不出。男女不同椸枷，不敢懸於夫之楎椸，不
敢藏於夫之篋笥，不敢共湢浴。夫不在，斂枕篋簟席、襡器而藏之。
少事長，賤事貴，咸如之。夫婦之禮，唯及七十，同藏無間。故妾雖

老，年未滿五十，必與五日之御。將御者，齊，漱浣，慎衣服，櫛縰
笄，總角，拂髦，衿纓綦屨。雖婢妾，衣服飲食必後長者。妻不在，
妾御莫敢當夕。

妻將生子，及月辰，居側室，夫使人日再問之，作而自問之，妻不敢
見，使姆衣服而對，至於子生，夫復使人日再問之，夫齊則不入側室
之門。子生，男子設弧於門左，女子設帨於門右。三日，始負子，男
射女否。國君世子生，告於君，接以大牢，宰掌具。三日，卜士負之，
吉者宿齊朝服寢門外，詩負之，射人以桑弧蓬矢六。射天地四方，保
受乃負之，宰醴負子，賜之束帛，卜士之妻、大夫之妾，使食子。凡
接子，擇日，冢子則大牢，庶人特豚，士特豕，大夫少牢，國君世子
大牢，其非冢子，則皆降一等。異為孺子室於宮中，擇於諸母與可者，
必求其寬裕慈惠、溫良恭敬、慎而寡言者，使為子師，其次為慈母，
其次為保母，皆居子室，他人無事不往。三月之末，擇日剪髮為鬌，
男角女羈，否則男左女右。是日也，妻以子見於父，貴人則為衣服，
由命士以下，皆漱浣，男女夙興，沐浴衣服，具視朔食，夫入門，升
自阼階。立於阼西鄉，妻抱子出自房，當楣立東面。姆先，相曰：
「母某敢用時日只見孺子。」夫對曰：「欽有帥。」父執子之右手，
咳而名之。妻對曰：「記有成。」遂左還，授師，子師辯告諸婦諸母
名，妻遂適寢。夫告宰名，宰辯告諸男名，書曰：「某年某月某日某
生。」而藏之，宰告閭史，閭史書為二，其一藏諸閭府，其一獻諸州
史；州史獻諸州伯，州伯命藏諸州府。夫入食如養禮。世子生，則君
沐浴朝服，夫人亦如之，皆立於阼階西鄉，世婦抱子升自西階，君名
之，乃降。適子庶子見於外寢，撫其首咳而名之，禮帥初，無辭。凡
名子，不以日月，不以國，不以隱疾；大夫、士之子，不敢與世子同
名。妾將生子，及月辰，夫使人日一問之。子生三月之末，漱浣夙齊，
見於內寢，禮之如始入室；君已食，徹焉，使之特餕，遂入御。公庶
子生，就側室。三月之末，其母沐浴朝服見於君，擯者以其子見，君
所有賜，君名之。眾子，則使有司名之。庶人無側室者，及月辰，夫
出居群室，其問之也，與子見父之禮，無以異也。凡父在，孫見於祖，
祖亦名之，禮如子見父，無辭。食子者，三年而出，見於公宮則劬。

大夫之子有食母，士之妻自養其子。由命士以上及大夫之子，旬而見。冢子未食而見，必執其右手，適子庶子已食而見，必循其首。子能食食，教以右手。能言，男唯女俞。男鞶革，女鞶絲。六年教之數與方名。七年男女不同席，不共食。八年出入門戶及即席飲食，必後長者，始教之讓。九年教之數日。十年出就外傅，居宿於外，學書計，衣不帛襦褲，禮帥初，朝夕學幼儀，請肄簡諒。十有三年學樂，誦《詩》，舞《勺》，成童舞《象》，學射御。二十而冠，始學禮，可以衣裘帛，舞《大夏》，惇行孝弟，博學不教，內而不出。三十而有室，始理男事，博學無方，孫友視志。四十始仕，方物出謀發慮，道合則服從，不可則去。五十命為大夫，服官政。七十致事。凡男拜尚左手。女子十年不出，姆教婉娩聽從，執麻枲，治絲繭，織纴組紃，學女事以共衣服，觀於祭祀，納酒漿、、籩豆、菹醢，禮相助奠。十有五年而笄，二十而嫁；有故，二十三年而嫁。聘則為妻，奔則為妾。凡女拜尚右手。

玉藻

天子玉藻，十有二旒，前後邃延，龍卷以祭。玄端而朝日於東門之外，聽朔於南門之外，閏月則闔門左扉，立於其中。皮弁以日視朝，遂以食，日中而餕，奏而食。日少牢，朔月大牢；五飲：上水、漿、酒、醴、酏。卒食，玄端而居。動則左史書之，言則右史書之，御瞽幾聲之上下。年不順成，則天子素服，乘素車，食無樂。諸侯玄端以祭，裨冕以朝，皮弁以聽朔於大廟，朝服以日視朝於內朝。朝，辨色始入。君日出而視之，退適路寢，聽政，使人視大夫，大夫退，然後適小寢，釋服。又朝服以食，特牲三俎祭肺，夕深衣，祭牢肉，朔月少牢，五俎四簋，子卯稷食菜羹，夫人與君同庖。

君無故不殺牛，大夫無故不殺羊，士無故不殺犬、豕。君子遠庖廚，凡有血氣之類，弗身踐也。至於八月不雨，君不舉。年不順成，君衣布搢本，關梁不租，山澤列而不賦，土功不興，大夫不得造車馬。卜人定龜，史定墨，君定體。君羔幦虎犆；大夫齊車，鹿幦豹犆，朝車；

士齊車，鹿幦豹犆。君子之居恒當戶，寢恒東首。若有疾風迅雷甚雨，則必變，雖夜必興，衣服冠而坐。日五盥，沐稷而靧粱，櫛用樿櫛，發晞用象櫛，進禨進羞，工乃升歌。浴用二巾，上絺下綌，出杅，履蒯席，連用湯，履蒲席，衣布晞身，乃屨進飲。將適公所，宿齊戒，居外寢，沐浴，史進象笏，書思對命；既服，習容觀玉聲，乃出，揖私朝，煇如也，登車則有光矣。天子搢挺，方正於天下也，諸侯荼，前詘後直，讓於天子也，大夫前詘後詘，無所不讓也。

侍坐，則必退席；不退，則必引而去君之黨。登席不由前，為躐席。徒坐不盡席尺，讀書，食，則齊，豆去席尺。若賜之食而君客之，則命之祭，然後祭；先飯辯嘗羞，飲而俟。若有嘗羞者，則俟君之食，然後食，飯，飲而俟。君命之羞，羞近者，命之品嘗之，然後唯所欲。凡嘗遠食，必順近食。君未覆手，不敢飧；君既食，又飯飧，飯飧者，三飯也。君既徹，執飯與醬，乃出，授從者。凡侑食，不盡食；食於人不飽。唯水漿不祭，若祭為已僭卑。君若賜之爵，則越席再拜稽首受，登席祭之，飲卒爵而俟君卒爵，然後授虛爵。君子之飲酒也，受一爵而色灑如也，二爵而言言斯，禮已三爵而油油以退，退則坐取屨，隱辟而後屨，坐左納右，坐右納左。凡尊必上玄酒，唯君面尊，唯饗野人皆酒，大夫側尊用棜，士側尊用禁。

始冠，緇布冠，自諸侯下達，冠而敝之可也。玄冠朱組纓，天子之冠也。緇布冠繢緌，諸侯之冠也。玄冠丹組纓，諸侯之齊冠也。玄冠綦組纓，士之齊冠也。縞冠玄武，子姓之冠也。縞冠素紕，既祥之冠也。垂緌五寸，惰游之士也，玄冠縞武，不齒之服也。居冠屬武，自天子下達，有事然後緌。五十不散送，親沒不髦，大帛不緌。衣冠紫緌，自魯桓公始也。

朝玄端，夕深衣。深衣三袪，縫齊倍要，衽當旁，袂可以回肘。長中繼掩尺。袷二寸，袪尺二寸，緣廣寸半。以帛裏布，非禮也。士不衣織，無君者不貳采。衣正色，裳間色。非列采不入公門，振絺綌不入

公門，表裘不入公門，襲裘不入公門。纊為繭，縕為袍，禪為絅，帛為褶。朝服之以縞也，自季康子始也。孔子曰：「朝服而朝，卒朔然後服之。」曰：「國家未道，則不充其服焉。」唯君有黼裘以誓省，大裘非古也。君衣狐白裘，錦衣以裼之。君之右虎裘，厥左狼裘。士不衣狐白。君子狐青裘豹褎，玄綃衣以裼之；麛裘青犴褎，絞衣以裼之；羔裘豹飾，緇衣以裼之；狐裘，黃衣以裼之。錦衣狐裘，諸侯之服也。犬羊之裘不裼，不文飾也不裼。裘之裼也，見美也。弔則襲，不盡飾也；君在則裼，盡飾也。服之襲也，充美也，是故尸襲，執玉龜襲，無事則裼，弗敢充也。

笏：天子以球玉；諸侯以象；大夫以魚須文竹；士竹本，象可也。見於天子與射，無說笏，入大廟說笏，非古也。小功不說笏，當事免則說之。既搢必盥，雖有執於朝，弗有盥矣。凡有指畫於君前，用笏造，受命於君前，則書於笏，笏畢用也，因飾焉。笏度二尺有六寸，其中博三寸，其殺六分而去一。

韠：君朱，大夫素，士爵韋。圜殺直，天子直，公侯前後方，大夫前方後挫角，士前後正。韠下廣二尺，上廣一尺，長三尺，其頸五寸，肩革帶博二寸。一命縕韍幽衡，再命赤韍幽衡，三命赤韍蔥衡。天子素帶朱里終辟，而素帶終辟，大夫素帶辟垂，士練帶率下辟，居士錦帶，弟子縞帶。并紐約，用組、三寸，長齊於帶，紳長制，士三尺，有司二尺有五寸。子游曰：「參分帶下，紳居二焉，紳韍結三齊。」大夫大帶四寸。雜帶，君朱綠；大夫玄華，士緇辟，二寸，再繚四寸。凡帶，有率無箴功，肆束及帶勤者，有事則收之，走則擁之。王后褘衣，夫人揄狄；君命屈狄，再命褘衣，一命襢衣，士褖衣。唯世婦命於奠繭，其他則皆從男子。

凡侍於君，紳垂，足如履齊，頤溜垂拱，視下而聽上，視帶以及袷，聽鄉任左。凡君召，以三節：二節以走，一節以趨。在官不俟屨，在外不俟車。士於大夫，不敢拜迎而拜送；士於尊者，先拜進面，答之

拜則走。士於君所言，大夫沒矣，則稱謚若字，名士。與大夫言，名士字大夫。於大夫所，有公諱無私諱。凡祭不諱，廟中不諱，教學臨文不諱。古之君子必佩玉，右徵角，左宮羽。趨以《采齊》，行以《肆夏》，周還中規，折還中矩，進則揖之，退則揚之，然後玉鏘鳴也。故君子在車，則聞鸞和之聲，行則鳴佩玉，是以非辟之心，無自入也。

君在不佩玉，左結佩，右設佩，居則設佩，朝則結佩，齊則綪結佩而爵韠。凡帶必有佩玉，唯喪否。佩玉有沖牙；君子無故，玉不去身，君子於玉比德焉。天子佩白玉而玄組綬，公侯佩山玄玉而朱組綬，大夫佩水蒼玉而純組綬，世子佩瑜玉而綦組綬，士佩瓀玟而縕組綬。孔子佩象環五寸，而綦組綬。

童子之節也，緇布衣錦緣，錦紳，并紐錦，束髮皆朱錦也。童子不裘不帛，不屨絇，無緦服。聽事不麻，無事則立主人之北面，見先生從人而入。侍食於先生異爵者，後祭先飯。客祭，主人辭曰：「不足祭也。」客飧，主人辭以疏。主人自置其醬，則客自徹之。一室之人，非賓客，一人徹。壹食之人，一人徹。凡燕食，婦人不徹。食棗桃李，弗致于核，瓜祭上環，食中棄所操。凡食果實者後君子，火孰者先君子。有慶，非君賜不賀。孔子食於季氏，不辭，不食肉而飧。

君賜車馬，乘以拜賜；衣服，服以拜賜；君未有命，弗敢即乘服也。君賜，稽首，據掌致諸地；酒肉之賜，弗再拜。凡賜，君子與小人不同日。凡獻於君，大夫使宰，士親，皆再拜稽首送之。膳於君，有葷桃茢，於大夫去茢，於士去葷，皆造於膳宰。大夫不親拜，為君之答己也。大夫拜賜而退，士待諾而退，又拜，弗答拜。大夫親賜士，士拜受，又拜於其室。衣服，弗服以拜。敵者不在，拜於其室。凡於尊者有獻，而弗敢以聞。士於大夫不承賀，下大夫於上大夫承賀。親在，行禮於人稱父，人或賜之，則稱父拜之。禮不盛，服不充，故大裘不裼，乘路車不式。

父命呼，唯而不諾，手執業則投之，食在口則吐之，走而不趨。親老，出不易方，復不過時。親癠色容不盛，此孝子之疏節也。父歿而不能讀父之書，手澤存焉爾；母歿而杯圈不能飲焉，口澤之氣存焉爾。

君入門，介拂闑，大夫中棖與闑之間，士介拂棖。賓入不中門，不履閾，公事自闑西，私事自闑東。君與尸行接武，大夫繼武，士中武，徐趨皆用是。疾趨則欲發而手足毋移，圈豚行不舉足，齊如流，席上亦然。端行，頤溜如矢，弁行，剡剡起屨，執龜玉，舉前曳踵，蹜蹜如也。凡行容惕惕，廟中齊齊，朝庭濟濟翔翔。君子之容舒遲，見所尊者齊遫。足容重，手容恭，目容端，口容止，聲容靜，頭容直，氣容肅，立容德，色容莊，坐如尸，燕居告溫溫。凡祭，容貌顏色，如見所祭者。喪容纍纍，色容顛顛，視容瞿瞿梅梅，言容繭繭，戎容暨暨，言容詻詻，色容厲肅，視容清明。立容辨，卑毋諂，頭頸必中，山立時行，盛氣顛實，揚休玉色。凡自稱：天子曰予一人，伯曰天子之力臣。諸侯之於天子曰某土之守臣某，其在邊邑，曰某屏之臣某。其於敵以下曰寡人，小國之君曰孤，擯者亦曰孤。上大夫曰下臣，擯者曰寡君之老，下大夫自名，擯者曰寡大夫。世子自名，擯者曰寡君之適，公子曰臣孽。士曰傳遽之臣，於大夫曰外私。大夫私事使，私人擯則稱名，公士擯則曰寡大夫、寡君之老。大夫有所往，必與公士為賓也。

明堂位

昔者周公朝諸侯于明堂之位：天子負斧依南鄉而立；三公，中階之前，北面東上。諸侯之位，阼階之東，西面北上。諸伯之國，西階之西，東面北上。諸子之國，門東，北面東上。諸男之國，門西，北面東上。九夷之國，東門之外，西面北上。八蠻之國，南門之外，北面東上。六戎之國，西門之外，東面南上。五狄之國，北門之外，南面東上。九采之國，應門之外，北面東上。四塞，世告至。此周公明堂之位也。明堂也者，明諸侯之尊卑也。

昔殷紂亂天下，脯鬼侯以饗諸侯。是以周公相武王以伐紂。武王崩，

成王幼弱，周公踐天子之位以治天下；六年，朝諸侯於明堂，制禮作樂，頒度量，而天下大服；七年，致政於成王；成王以周公為有勳勞於天下，是以封周公於曲阜，地方七百里，革車千乘，命魯公世世祀周公以天子之禮樂。

是以魯君，孟春乘大路，載弧韣；旗十有二旒，日月之章；祀帝于郊，配以后稷。天子之禮也。季夏六月，以禘禮祀周公於大廟，牲用白牡；尊用犧象山罍；郁尊用黃目；灌用玉瓚大圭；薦用玉豆雕篹；爵用玉琖，仍雕，加以璧散璧角；俎用梡嶡；升歌《清廟》，下管《象》；朱干玉戚，冕而舞《大武》；皮弁素積，裼而舞《大夏》。昧，東夷之樂也；《任》，南蠻之樂也。納夷蠻之樂於大廟，言廣魯於天下也。君卷冕立於阼，夫人副褘立于房中。君肉袒迎牲于門；夫人薦豆籩。卿、大夫贊君，命婦贊夫人：各揚其職。百官廢職服大刑，而天下大服。

是故，夏礿、秋嘗、冬烝，春社、秋省而遂大蜡，天子之祭也。

大廟，天子明堂。庫門，天子皋門。雉門，天子應門。振木鐸於朝，天子之政也。

山節藻梲，復廟重檐，刮楹達鄉，反坫出尊，崇坫康圭，疏屏；天子之廟飾也。

鸞車，有虞氏之路也。鉤車，夏后氏之路也。大路，殷路也。乘路，周路也。

有虞氏之旂，夏后氏之綏，殷之大白，周之大赤。夏后氏駱馬，黑鬣。殷人白馬，黑首。周人黃馬，蕃鬣。夏后氏，牲尚黑，殷白牡，周騂剛。

泰，有虞氏之尊也。山罍，夏后氏之尊也。著，殷尊也。犧象，周尊也。

爵，夏后氏以琖，殷以斝，周以爵。

灌尊，夏后氏以雞夷。殷以斝，周以黃目。

其勺，夏后氏以龍勺，殷以疏勺，周以蒲勺。

土鼓蕢桴葦籥，伊耆氏之樂也。拊搏玉磬揩擊，大琴大瑟，中琴小瑟，四代之樂器也。

魯公之廟，文世室也。武公之廟，武世室也。

米廩，有虞氏之庠也；序，夏后氏之序也；瞽宗，殷學也；頖宮，周學也。

崇鼎，貫鼎，大璜，封父龜，天子之器也。

越棘，大弓，天子之戎器也。

夏后氏之鼓，足。殷，楹鼓；周，縣鼓。

垂之和鐘，叔之離磬，女媧之笙簧。夏后氏之龍簨虡，殷之崇牙，周之璧翣。有虞氏之兩敦，夏后氏之四璉，殷之六瑚，周之八簋。

俎，有虞氏以梡，夏后氏以嶡，殷以椇，周以房俎。

夏后氏以楬豆，殷玉豆，周獻豆。

有虞氏服韍，夏后氏山，殷火，周龍章。

有虞氏祭首，夏后氏祭心，殷祭肝，周祭肺。

夏后氏尚明水，殷尚醴，周尚酒。

有虞氏官五十，夏后氏官百，殷二百，周三百。

有虞氏之綏，夏后氏之綢練，殷之崇牙，周之璧翣。

凡四代之服、器、官，魯兼用之。是故，魯，王禮也，天下傳之久矣。君臣，未嘗相弒也；禮樂刑法政俗，未嘗相變也，天下以為有道之國。是故，天下資禮樂焉。

喪服小記

斬衰，括髮以麻；為母，括髮以麻，免而以布。齊衰，惡笄以終喪。男子冠而婦人笄，男子免而婦人髽。其義：為男子則免，為婦人則髽。苴杖，竹也；削杖，桐也。祖父卒，而後為祖母后者三年。為父母，長子稽顙。大夫弔之，雖緦必稽顙。婦人為夫與長子稽顙，其餘則否。男主必使同姓，婦主必使異姓。為父後者為出母無服。親親，以三為五，以五為九。上殺，下殺，旁殺，而親畢矣。王者禘其祖之所自出，以其祖配之，而立四廟。庶子王，亦如之。別子為祖，繼別為宗，繼禰者為小宗。有五世而遷之宗，其繼高祖者也。是故，祖遷於上，宗易於下。尊祖故敬宗，敬宗所以尊祖禰也。庶子不祭祖者，明其宗也。庶子不為長子斬，不繼祖與禰故也。庶子不祭殤與無後者，殤與無後

者從祖祔食。庶子不祭禰者，明其宗也。親親尊尊長長，男女之有別，人道之大者也。

從服者，所從亡則已。屬從者，所從雖沒也服。妾從女君而出，則不為女君之子服。禮不王不禘。世子不降妻之父母；其為妻也，與大夫之適子同。父為士，子為天子諸侯，則祭以天子諸侯，其尸服以士服。父為天子諸侯，子為士，祭以士，其尸服以士服。婦當喪而出，則除之。為父母喪，未練而出，則三年。既練而出，則已。未練而反，則期；既練而反，則遂之。

再期之喪，三年也；期之喪，二年也。九月七月之喪，三時也；五月之喪，二時也；三月之喪，一時也。故期而祭，禮也；期而除喪，道也。祭不為除喪也。三年而後葬者必再祭，其祭之間不同時而除喪。大功者主人之喪，有三年者，則必為之再祭。朋友，虞祔而已。士妾有子，而為之緦，無子則已。生不及祖父母諸父昆弟，而父稅喪，己則否。降而在緦小功者，則稅之。為君之父母、妻、長子，君已除喪而後聞喪，則不稅。近臣，君服斯服矣；其餘，從而服，不從而稅。君雖未知喪，臣服已。

虞，杖不入於室；祔，杖不升於堂。為君母后者，君母卒，則不為君母之黨服。経殺五分而去一，杖大如経。妾為君之長子與女君同。除喪者，先重者；易服者，易輕者。無事不辟廟門。哭皆於其次。復與書銘，自天子達於士，其辭一也。男子稱名，婦人書姓與伯仲，如不知姓則書氏。

斬衰之葛與齊衰之麻同。齊衰之葛與大功之麻同。麻同，皆兼服之。報葬者報虞，三月而後卒哭。父母之喪偕，先葬者不虞祔，待後事。其葬，服斬衰。

大夫降其庶子，其孫不降其父。大夫不主士之喪。為慈母之父母無服。夫為人後者，其妻為舅姑大功。士祔於大夫則易牲。繼父不同居也者；必嘗同居。皆無主後。同財而祭其祖禰為同居；有主後者為異居。哭朋友者於門外之右南面。祔葬者不筮宅。士大夫不得祔於諸侯，祔於諸祖父之為士大夫者，其妻祔於諸祖姑，妾祔於妾祖姑；亡則中一以上而祔。祔必以其昭穆。諸侯不得祔於天子，天子、諸侯、大夫可以

祔於士。

為母之君母，母卒則不服。宗子，母在為妻禫。為慈母后者，為庶母可也，為祖庶母可也。為父母、妻、長子禫。慈母與妾母，不世祭也。丈夫冠而不為殤，婦人笄而不為殤。為殤後者，以其服服之。久而不葬者，唯主喪者不除；其餘以麻終月數者，除喪則已。箭笄終喪三年。齊衰三月與大功同者，繩屨。練，筮日筮尸，視濯，皆要絰杖繩屨。有司告具，而後去杖。筮日筮尸，有司告事畢而後杖，拜送賓。大祥，吉服而筮尸。庶子在父之室，則為其母不禫。庶子不以杖即位。父不主庶子之喪，則孫以杖即位可也。父在，庶子為妻以杖即位可也。諸侯吊於異國之臣，則其君為主。諸侯吊，必皮弁錫衰。所吊雖已葬，主人必免。主人未喪服，則君於不錫衰。養有疾者不喪服，遂以主其喪。非養者入主人之喪，則不易己之喪服。養尊者必易服，養卑者否。妾無妾祖姑者，易牲而祔於女君可也。婦之喪、虞、卒哭，其夫若子主之。祔，則舅主之。士不攝大夫。士攝大夫，唯宗子。主人未除喪，有兄弟自他國至，則主人不免而為主。

陳器之道，多陳之而省納之可也；省陳之而盡納之可也。奔兄弟之喪，先之墓而後之家，為位而哭。所知之喪，則哭於宮而後之墓。父不為眾子次於外。與諸侯為兄弟者服斬。下殤小功，帶，澡麻不絕本，詘而反以報之。

婦祔於祖姑，祖姑有三人，則祔於親者。其妻為大夫而卒，而後其夫不為大夫，而祔於其妻則不易牲；妻卒而後夫為大夫，而祔於其妻，則以大夫牲。為父後者，為出母無服。無服也者，喪者不祭故也。婦人不為主而杖者：姑在為夫杖，母為長子削杖。女子子在室為父母，其主喪者不杖，則子一人杖。

緦小功，虞卒哭則免。既葬而不報虞，則雖主人皆冠，及虞則皆免。為兄弟既除喪已。及其葬也，反服其服。報虞卒哭則免。如不報虞則除之。遠葬者比反哭者皆冠，及郊而後免反哭。君吊，雖不當免時也，主人必免，不散麻。雖異國之君，免也。親者皆免。除殤之喪者，其祭也必玄。除成喪者，其祭也朝服縞冠。

奔父之喪，括發於堂上，祖降踊，襲絰于東方。奔母之喪，不括發，

祖於堂上，降踊，襲免于東方。経即位成踊，出門哭止。三日而五哭三祖。適婦不為舅後者，則姑為之小功。

大傳

禮：不王不禘。王者禘其祖之所自出，以其祖配之。諸侯及其大祖，大夫士有大事，省於其君，干祫，及其高祖。

牧之野，武王之大事也。既事而退，柴於上帝，祈於社，設奠於牧室。遂率天下諸侯，執豆籩，逡奔走；追王大王亶父、王季歷、文王昌；不以卑臨尊也。

上治祖禰，尊尊也；下治子孫，親親也；旁治昆弟，合族以食，序以昭繆，別之以禮義，人道竭矣。

聖人南面而聽天下，所且先者五，民不與焉。一曰治親，二曰報功，三曰舉賢，四曰使能，五曰存愛。五者一得於天下，民無不足、無不贍者。五者，一物紕繆，民莫得其死。

聖人南面而治天下，必自人道始矣。立權度量，考文章，改正朔，易服色，殊徽號，異器械，別衣服，此其所得與民變革者也。其不可得變革者則有矣：親親也，尊尊也，長長也，男女有別，此其不可得與民變革者也。

同姓從宗，合族屬；異姓主名，治際會。名著，而男女有別。

其夫屬乎父道者，妻皆母道也；其夫屬乎子道者，妻皆婦道也。謂弟之妻「婦」者，是嫂亦可謂之「母」乎？名者人治之大者也，可無慎乎？

四世而緦，服之窮也；五世袒免，殺同姓也。六世，親屬竭矣。

其庶姓別於上，而戚單於下，昏姻可以通乎？系之以姓而弗別，綴之以食而弗殊，雖百世而昏姻不通者，周道然也。

服術有六：一曰親親，二曰尊尊，三曰名，四曰出入，五曰長幼，六曰從服。

從服有六：有屬從，有徒從，有從有服而無服，有從無服而有服，有從重而輕，有從輕而重。自仁率親，等而上之，至于祖，名曰輕。自義率祖，順而下之，至于禰，名曰重。一輕一重，其義然也。

君有合族之道，族人不得以其戚戚君，位也。

庶子不祭，明其宗也。庶子不得為長子三年，不繼祖也。

別子為祖，繼別為宗，繼禰者為小宗。有百世不遷之宗，有五世則遷之宗。百世不遷者，別子之後也；宗其繼別子者，百世不遷者也。宗其繼高祖者，五世則遷者也。尊祖故敬宗。敬宗，尊祖之義也。有小宗而無大宗者，有大宗而無小宗者，有無宗亦莫之宗者，公子是也。

公子有宗道：公子之公，為其士大夫之庶者，宗其士大夫之適者，公子之宗道也。絕族無移服，親者屬也。自仁率親，等而上之，至于祖；自義率祖，順而下之，至於禰。

是故，人道親親也。親親故尊祖，尊祖故敬宗，敬宗故收族，收族故宗廟嚴，宗廟嚴故重社稷，重社稷故愛百姓，愛百姓故刑罰中，刑罰中故庶民安，庶民安故財用足，財用足故百志成，百志成故禮俗刑，禮俗刑然後樂。《詩》云：「不顯不承，無斁於人斯」，此之謂也。

少儀

聞始見君子者，辭曰：「某固願聞名於將命者。」不得階主。敵者曰：「某固願見。」罕見曰：「聞名」。亟見曰：「朝夕」。瞽曰：「聞名」。適有喪者曰：「比」。童子曰：「聽事」。適公卿之喪，則曰：「聽役於司徒」。君將適他，臣如致金玉貨貝於君，則曰：「致馬資於有司」；敵者曰：「贈從者」。臣致襚於君，則曰：「致廢衣於賈人」；敵者曰：「襚」。親者兄弟不，以襚進。臣為君喪，納貨貝於君，則曰：「納甸於有司」。賵馬入廟門；賻馬與其幣，大白兵車，不入廟門。賵者既致命，坐委之，擯者舉之。

主人無親受也。受立，授立不坐。性之直者則有之矣。始入而辭，曰：「辭矣」。即席，曰：「可矣」。排闔說屨於戶內者，一人而已矣。

有尊長在則否。問品味曰：「子亟食於某乎？」問道藝曰：「子習於某乎？」、「子善於某乎？」不疑在躬，不度民械，不願於大家，不瞽重器。泛掃曰掃，掃席前曰拚；拚席不以鬣。執箕膺鬛。不貳問。

問卜筮曰：「義與？志與？」義則可問，志則否。

尊長於己逾等，不敢問其年。燕見不將命。遇於道，見則面，不請所

之。喪俟事不特弔。侍坐弗使，不執琴瑟，不畫地，手無容，不翣也。寢則坐而將命。侍射則約矢，侍投則擁矢。勝則洗而以請，客亦如之。不角，不擢馬。執君之乘車則坐。仆者右帶劍，負良綏，申之面，拖諸幦，以散綏升，執轡然後步。請見不請退。朝廷曰退，燕游曰歸，師役曰罷。侍坐於君子，君子欠伸，運笏，澤劍首，還屨，問日之蚤莫，雖請退可也。事君者量而後入，不入而後量；凡乞假於人，為人從事者亦然。然，故上無怨，而下遠罪也。不窺密，不旁狎，不道舊故，不戲色。為人臣下者，有諫而無訕，有亡而無疾；頌而無諂，諫而無驕；怠則張而相之，廢則掃而更之；謂之社稷之役。

毋拔來，毋報往，毋瀆神，毋循枉，毋測未至。士依於德，游於藝；工依於法，游於說。毋嘗衣服成器，毋身質言語。言語之美，穆穆皇皇；朝廷之美，濟濟翔翔；祭祀之美，齊齊皇皇；車馬之美，匪匪翼翼；鸞和之美，肅肅雍雍。問國君之子長幼，長，則曰：「能從社稷之事矣」；幼，則曰：「能御」，「未能御」。問大夫之子長幼，長，則曰：「能從樂人之事矣」；幼，則曰：「能正於樂人」，「未能正於樂人」。問士之子長幼，長，則曰：「能耕矣」；幼，則曰：「能負薪」、「未能負薪」。執玉執龜策不趨，堂上不趨，城上不趨。武車不式；介者不拜。

婦人吉事，雖有君賜，肅拜。為尸坐，則不手拜，肅拜；為喪主則不手拜。葛絰而麻帶。取俎進俎不坐。執虛如執盈，入虛如有人。凡祭於室中堂上無跣，燕則有之。未嘗不食新。

仆於君子，君子升下則授綏；始乘則式；君子下行，然後還立。乘貳車則式，佐車則否。貳車者，諸侯七乘，上大夫五乘，下大夫三乘。有貳車者之乘馬服車不齒。觀君子之衣服，服劍，乘馬，弗賈。

其以乘壺酒，束脩，一犬賜人，若獻人，則陳酒執脩以將命，亦曰乘壺酒，束脩，一犬。其以鼎肉，則執以將命。其禽加於一雙，則執一雙以將命，委其餘。犬則執紲；守犬，田犬，則授擯者，既受，乃問犬名。牛則執紖，馬則執靮，皆右之。臣則左之。車則說綏，執以將命。甲若有以前之，則執以將命；無以前之，則袒橐奉胄。哭則執蓋。弓則以左手屈韣執拊。劍則啟櫝蓋襲之，加夫橈與劍焉。笏、書、脩、

苞苴、弓、茵、席、枕、几、穎、杖、琴、瑟、戈有刃者櫝、策、龠，其執之皆尚左手。刀卻刃授穎。削授拊。凡有刺刃者，以授人則辟刃。乘兵車，出先刃，入後刃，軍尚左，卒尚右。賓客主恭，祭祀主敬，喪事主哀，會同主詡。軍旅思險，隱情以虞。

燕侍食於君子，則先飯而後已；毋放飯，毋流歠；小飯而亟之；數 ↗ 毋為口容。客自徹，辭焉則止。客爵居左，其飲居右；介爵、酢爵、僎爵皆居右。羞濡魚者進尾；冬右腴，夏右鰭；祭膴。凡齊，執之以右，居之於左。贊幣自左，詔辭自右。酌尸之仆，如君之仆。其在車則左執轡右受爵，祭左右軌范乃飲。凡羞有俎者，則於俎內祭。君子不食圂腴。小子走而不趨，舉爵則坐祭立飲。凡洗必盥。牛羊之肺，離而不提心。凡羞有湆者，不以齊。為君子擇蔥薤，則絕其本末。羞首者，進喙祭耳。尊者以酌者之左為上尊。尊壺者面其鼻。飲酒者、襫者、醮者，有折俎不坐。未步爵，不嘗羞。牛與羊魚之腥，聶而切之為膾；麋鹿為菹，野豕為軒，皆聶而不切；麕為辟雞，兔為宛脾，皆聶而切之。切蔥若薤，實之醯以柔之。其有折俎者，取祭肺，反之，不坐；燔亦如之。尸則坐。

衣服在躬，而不知其名為罔。其未有燭而有後至者，則以在者告。道瞽亦然。凡飲酒為獻主者，執燭抱燋，客作而辭，然後以授人。執燭不讓，不辭，不歌。洗盥執食飲者勿氣，有問焉，則辟咡而對。為人祭曰致福；為己祭而致膳於君子曰膳；祔練曰告。凡膳告於君子，主人展之，以授使者于阼階之南，南面再拜稽首送；反命，主人又再拜稽首。其禮：大牢則以牛左肩、臂臑、折九個，少牢則以羊左肩七個，特豕則以豕左肩五個。國家靡敝，則車不雕几，甲不組縢，食器不刻鏤，君子不履絲屨，馬不常秣。

學記

發慮憲，求善良，足以謏聞，不足以動眾；就賢體遠，足以動眾，未足以化民。君子如欲化民成俗，其必由學乎！

玉不琢，不成器；人不學，不知道。是故古之王者建國君民，教學為先。《兌命》曰：「念終始典于學。」其此之謂乎！

雖有嘉肴，弗食，不知其旨也；雖有至道，弗學，不知其善也。故學然後知不足，教然後知困。知不足，然後能自反也；知困，然後能自強也，故曰：「教學相長」也。《兌命》曰：「學學半。」其此之謂乎！

古之教者，家有塾，黨有庠，術有序，國有學。比年入學，中年考校。一年視離經辨志，三年視敬業樂群，五年視博習親師，七年視論學取友，謂之小成；九年知類通達，強立而不反，謂之大成。夫然後足以化民易俗，近者說服，而遠者懷之，此大學之道也。《記》曰：「蛾子時術之。」其此之謂乎！

大學始教，皮弁祭菜，示敬道也；《宵雅》肄三，官其始也；入學鼓篋，孫其業也；夏楚二物，收其威也；未卜禘不視學，游其志也；時觀而弗語，存其心也；幼者聽而弗問，學不躐等也。此七者，教之大倫也。《記》曰：「凡學官先事，士先志。」其此之謂乎！

大學之教也時，教必有正業，退息必有居。學，不學操縵，不能安弦；不學博依，不能安《詩》；不學雜服，不能安禮；不興其藝，不能樂學。故君子之於學也，藏焉，修焉，息焉，游焉。夫然，故安其學而親其師，樂其友而信其道。是以雖離師輔而不反也。《兌命》曰：「敬孫務時敏，厥修乃來。」其此之謂乎！

今之教者，呻其占畢，多其訊，言及于數，進而不顧其安，使人不由其誠，教人不盡其材；其施之也悖，其求之也佛。夫然，故隱其學而疾其師，苦其難而不知其益也，雖終其業，其去之必速。教之不刑，其此之由乎！

大學之法，禁於未發之謂豫，當其可之謂時，不陵節而施之謂孫，相觀而善之謂摩。此四者，教之所由興也。

發然後禁，則扞格而不勝；時過然後學，則勤苦而難成；雜施而不孫，則壞亂而不修；獨學而無友，則孤陋而寡聞；燕朋逆其師；燕辟廢其學。此六者，教之所由廢也。

君子既知教之所由興，又知教之所由廢，然後可以為人師也。故君子之教喻也，道而弗牽，強而弗抑，開而弗達。道而弗牽則和，強而弗抑則易，開而弗達則思；和易以思，可謂善喻矣。

學者有四失，教者必知之。人之學也，或失則多，或失則寡，或失則易，或失則止。此四者，心之莫同也。知其心，然後能救其失也。教也者，長善而救其失者也。

善歌者，使人繼其聲；善教者，使人繼其志。其言也約而達，微而臧，罕譬而喻，可謂繼志矣。

君子知至學之難易，而知其美惡，然後能博喻；能博喻然後能為師；能為師然後能為長；能為長然後能為君。故師也者，所以學為君也。是故擇師不可不慎也。《記》曰：「三王四代唯其師。」此之謂乎！

凡學之道，嚴師為難。師嚴然後道尊，道尊然後民知敬學。是故君之所不臣於其臣者二：當其為尸則弗臣也，當其為師則弗臣。大學之禮，雖詔於天子，無北面；所以尊師也。

善學者，師逸而功倍，又從而庸之；不善學者，師勤而功半，又從而怨之。善問者如攻堅木，先其易者，後其節目，及其久也，相說以解；不善問者反此。善待問者，如撞鐘，叩之以小者則小鳴，叩之以大者則大鳴，待其從容，然後盡其聲；不善答問者反此。此皆進學之道也。

記問之學，不足以為人師。必也聽語乎，力不能問，然後語之；語之而不知，雖舍之可也。良冶之子，必學為裘；良弓之子，必學為箕；始駕者反之，車在馬前。君子察於此三者，可以有志於學矣。

古之學者：比物醜類。鼓無當於五聲，五聲弗得不和。水無當於五色，五色弗得不章。學無當於五官。五官弗得不治。師無當於五服，五服弗得不親。

君子曰：大德不官，大道不器，大信不約，大時不齊。察於此四者，可以有志於學矣。三王之祭川也，皆先河而後海；或源也，或委也。此之謂務本。

樂記

凡音之起，由人心生也。人心之動，物使之然也。感於物而動，故形於聲。聲相應，故生變；變成方，謂之音；比音而樂之，及干戚羽旄，謂之樂。樂者，音之所由生也；其本在人心之感於物也。是故其哀心感者，其聲噍以殺。其樂心感者，其聲嘽以緩。其喜心感者，其聲發

以散。其怒心感者，其聲粗以厲。其敬心感者，其聲直以廉。其愛心感者，其聲和以柔。六者，非性也，感於物而後動。是故先王慎所以感之者。故禮以道其志，樂以和其聲，政以一其行，刑以防其奸。禮樂刑政，其極一也；所以同民心而出治道也。凡音者，生人心者也。情動於中，故形於聲。聲成文，謂之音。是故治世之音安以樂，其政和。亂世之音怨以怒，其政乖。亡國之音哀以思，其民困。聲音之道，與政通矣。宮為君，商為臣，角為民，徵為事，羽為物。五者不亂，則無怙懘之音矣。宮亂則荒，其君驕。商亂則陂，其官壞。角亂則憂，其民怨。徵亂則哀，其事勤。羽亂則危，其財匱。五者皆亂，迭相陵，謂之慢。如此，則國之滅亡無日矣。鄭衛之音，亂世之音也，比於慢矣。桑間濮上之音，亡國之音也，其政散，其民流，誣上行私而不可止也。凡音者，生於人心者也。樂者，通倫理者也。是故知聲而不知音者，禽獸是也；知音而不知樂者，眾庶是也。唯君子為能知樂。是故審聲以知音，審音以知樂，審樂以知政，而治道備矣。是故不知聲者不可與言音，不知音者不可與言樂。知樂則幾於禮矣。禮樂皆得，謂之有德。德者得也。是故樂之隆，非極音也。食饗之禮，非致味也。清廟之瑟，朱弦而疏越，壹倡而三嘆，有遺音者矣。大饗之禮，尚玄酒而俎腥魚，大羹不和，有遺味者矣。是故先王之制禮樂也，非以極口腹耳目之欲也，將以教民平好惡而反人道之正也。人生而靜，天之性也；感於物而動，性之欲也。物至知知，然後好惡形焉。好惡無節於內，知誘於外，不能反躬，天理滅矣。夫物之感人無窮，而人之好惡無節，則是物至而人化物也。人化物也者，滅天理而窮人欲者也。於是有悖逆詐偽之心，有淫泆作亂之事。是故強者脅弱，眾者暴寡，知者詐愚，勇者苦怯，疾病不養，老幼孤獨不得其所，此大亂之道也。是故先王之制禮樂，人為之節；衰麻哭泣，所以節喪紀也；鐘鼓干戚，所以和安樂也；昏姻冠笄，所以別男女也；射鄉食饗，所以正交接也。禮節民心，樂和民聲，政以行之，刑以防之，禮樂刑政，四達而不悖，則王道備矣。樂者為同，禮者為異。同則相親，異則相敬，樂勝則流，禮勝則離。合情飾貌者禮樂之事也。禮義立，則貴賤等矣；樂文同，則上下和矣；好惡著，則賢不肖別矣。刑禁暴，爵舉賢，則政均矣。

仁以愛之，義以正之，如此，則民治行矣。樂由中出，禮自外作。樂由中出故靜，禮自外作故文。大樂必易，大禮必簡。樂至則無怨，禮至則不爭。揖讓而治天下者，禮樂之謂也。暴民不作，諸侯賓服，兵革不試，五刑不用，百姓無患，天子不怒，如此，則樂達矣。合父子之親，明長幼之序，以敬四海之內天子如此，則禮行矣。大樂與天地同和，大禮與天地同節。和故百物不失，節故祀天祭地，明則有禮樂，幽則有鬼神。如此，則四海之內，合敬同愛矣。禮者殊事合敬者也；樂者異文合愛者也。禮樂之情同，故明王以相沿也。故事與時并，名與功偕。故鐘鼓管磬，羽籥干戚，樂之器也。屈伸俯仰，綴兆舒疾，樂之文也。簠簋俎豆，制度文章，禮之器也。升降上下，周還裼襲，禮之文也。故知禮樂之情者能作，識禮樂之文者能述。作者之謂聖，述者之謂明；明聖者，述作之謂也。樂者，天地之和也；禮者，天地之序也。和故百物皆化；序故群物皆別。樂由天作，禮以地制。過制則亂，過作則暴。明於天地，然後能興禮樂也。論倫無患，樂之情也；欣喜歡愛，樂之官也。中正無邪，禮之質也，莊敬恭順。禮之制也。若夫禮樂之施於金石，越於聲音，用於宗廟社稷，事乎山川鬼神，則此所與民同也。

王者功成作樂，治定制禮。其功大者其樂備，其治辯者其禮具。干戚之舞非備樂也，孰亨而祀非達禮也。五帝殊時，不相沿樂；三王異世，不相襲禮。樂極則憂，禮粗則偏矣。及夫敦樂而無憂，禮備而不偏者，其唯大聖乎？天高地下，萬物散殊，而禮制行矣。流而不息，合同而化，而樂興焉。春作夏長，仁也；秋斂冬藏，義也。仁近於樂，義近於禮。樂者敦和，率神而從天，禮者別宜，居鬼而從地。故聖人作樂以應天，制禮以配地。禮樂明備，天地官矣。天尊地卑，君臣定矣。卑高已陳，貴賤位矣。動靜有常，小大殊矣。方以類聚，物以群分，則性命不同矣。在天成象，在地成形；如此，則禮者天地之別也。地氣上齊，天氣下降，陰陽相摩，天地相蕩，鼓之以雷霆，奮之以風雨，動之以四時，暖之以日月，而百化興焉。如此則樂者天地之和也。化不時則不生，男女無辨則亂升；天地之情也。及夫禮樂之極乎天而蟠乎地，行乎陰陽而通乎鬼神；窮高極遠而測深厚。樂著大始，而禮居

成物。著不息者天也，著不動者地也。一動一靜者天地之間也。故聖人曰禮樂云。昔者，舜作五弦之琴以歌南風，夔始制樂以賞諸侯。故天子之為樂也，以賞諸侯之有德者也。德盛而教尊，五穀時熟，然後賞之以樂。故其治民勞者，其舞行綴遠；其治民逸者，其舞行綴短。故觀其舞，知其德；聞其謚，知其行也。《大章》，章之也。《咸池》，備矣。《韶》，繼也。《夏》，大也。殷周之樂，盡矣。天地之道，寒暑不時則疾，風雨不節則饑。教者，民之寒暑也；教不時則傷世。事者民之風雨也；事不節則無功。然則先王之為樂也。以法治也，善則行象德矣。夫豢豕為酒，非以為禍也，而獄訟益繁，則酒之流生禍也。是故先王因為酒禮，壹獻之禮，賓主百拜，終日飲酒而不得醉焉；此先王之所以備酒禍也。故酒食者所以合歡也；樂者所以象德也；禮者所以綴淫也。是故先王有大事，必有禮以哀之；有大福，必有禮以樂之。哀樂之分，皆以禮終。樂也者，聖人之所樂也，而可以善民心，其感人深，其移風易俗，故先王著其教焉。夫民有血氣心知之性，而無哀樂喜怒之常，應感起物而動，然後心術形焉。是故志微↗殺之音作，而民思憂。嘽諧慢易、繁文簡節之音作，而民康樂。粗厲猛起、奮末廣賁之音作，而民剛毅。廉直、勁正、莊誠之音作，而民肅敬。寬裕肉好、順成和動之音作，而民慈愛。流辟邪散、狄成滌濫之音作，而民淫亂。是故先王本之情性，稽之度數，制之禮義。合生氣之和，道五常之行，使之陽而不散，陰而不密，剛氣不怒，柔氣不懾，四暢交於中而發作於外，皆安其位而不相奪也；然後立之學等，廣其節奏，省其文采，以繩德厚。律小大之稱，比終始之序，以象事行。使親疏貴賤、長幼男女之理，皆形見於樂，故曰：「樂觀其深矣。」土敝則草木不長，水煩則魚鱉不大，氣衰則生物不遂，世亂則禮慝而樂淫。是故其聲哀而不莊，樂而不安，慢易以犯節，流湎以忘本。廣則容奸，狹則思欲，感條暢之氣而滅平和之德。是以君子賤之也。凡奸聲感人，而逆氣應之；逆氣成象，而淫樂興焉。正聲感人，而順氣應之；順氣成象，而和樂興焉。倡和有應，回邪曲直，各歸其分；而萬物之理，各以其類相動也。是故君子反情以和其志，比類以成其行。奸聲亂色，不留聰明；淫樂慝禮，不接心術。惰慢邪辟之氣

不設於身體，使耳目鼻口、心知百體皆由順正以行其義。然後發以聲音，而文以琴瑟，動以干戚，飾以羽旄，從以簫管。奮至德之光，動四氣之和，以著萬物之理。是故清明象天，廣大象地，終始象四時，周還象風雨。五色成文而不亂，八風從律而不奸，百度得數而有常。小大相成，終始相生。倡和清濁，迭相為經。故樂行而倫清，耳目聰明，血氣和平，移風易俗，天下皆寧。故曰：樂者樂也。君子樂得其道，小人樂得其欲。以道制欲，則樂而不亂；以欲忘道，則惑而不樂。是故君子反情以和其志，廣樂以成其教，樂行而民鄉方，可以觀德矣。德者性之端也。樂者德之華也。金石絲竹，樂之器也。詩言其志也，歌詠其聲也，舞動其容也。三者本於心，然後樂氣從之。是故情深而文明，氣盛而化神。和順積中而英華發外，唯樂不可以為偽。

樂者，心之動也；聲者，樂之象也。文采節奏，聲之飾也。君子動其本，樂其象，然後治其飾。是故先鼓以警戒，三步以見方，再始以著往，復亂以飭歸。奮疾而不拔，極幽而不隱。獨樂其志，不厭其道；備舉其道，不私其欲。是故情見而義立，樂終而德尊。君子以好善，小人以聽過。故曰：生民之道，樂為大焉。樂也者施也；禮也者報也。樂，樂其所自生；而禮，反其所自始。樂章德，禮報情反始也。所謂大輅者，天子之車也。龍旗九旒，天子之旌也。青黑緣者，天子之寶龜也。從之以牛羊之群，則所以贈諸侯也。樂也者，情之不可變者也。禮也者，理之不可易者也。樂統同，禮辨異，禮樂之說，管乎人情矣。窮本知變，樂之情也；著誠去偽，禮之經也。禮樂偵天地之情，達神明之德，降興上下之神，而凝是精粗之體，領父子君臣之節。是故大人舉禮樂，則天地將為昭焉。天地欣合，陰陽相得，煦嫗覆育萬物，然後草木茂，區萌達，羽翼奮，角觡生，蟄蟲昭蘇，羽者嫗伏，毛者孕鬻，胎生者不殰，而卵生者不殈，則樂之道歸焉耳。樂者，非謂黃鐘大呂弦歌干揚也，樂之末節也，故童者舞之。鋪筵席，陳尊俎，列籩豆，以升降為禮者，禮之末節也，故有司掌之。樂師辨乎聲詩，故北面而弦；宗祝辨乎宗廟之禮，故後尸；商祝辨乎喪禮，故後主人。是故德成而上，藝成而下；行成而先，事成而後。是故先王有上有下，有先有後，然後可以有制於天下也。

魏文侯問於子夏曰：「吾端冕而聽古樂，則唯恐臥；聽鄭衛之音，則不知倦。敢問：古樂之如彼何也？新樂之如此何也？」子夏對曰：「今夫古樂，進旅退旅，和正以廣。弦匏笙簧，會守拊鼓，始奏以文，復亂以武，治亂以相，訊疾以雅。君子於是語，於是道古，修身及家，平均天下。此古樂之發也。今夫新樂，進俯退俯，姦聲以濫，溺而不止；及優侏儒，糅雜子女，不知父子。樂終不可以語，不可以道古。此新樂之發也。今君之所問者樂也，所好者音也！夫樂者，與音相近而不同。」文侯曰：「敢問何如？」子夏對曰：「夫古者，天地順而四時當，民有德而五穀昌，疾疢不作而無妖祥，此之謂大當。然後聖人作為父子君臣，以為紀綱。紀綱既正，天下大定。天下大定，然後正六律，和五聲，弦歌詩頌，此之謂德音；德音之謂樂。《詩》云：『莫其德音，其德克明。克明克類，克長克君，王此大邦；克順克俾，俾於文王，其德靡悔。既受帝祉，施於孫子。』此之謂也。今君之所好者，其溺音乎？」文侯曰：「敢問溺音何從出也？」子夏對曰：「鄭音好濫淫志，宋音燕女溺志，衛音趨數煩志，齊音敖辟喬志；此四者皆淫於色而害於德，是以祭祀弗用也。《詩》云：『肅雍和鳴，先祖是聽。』夫肅肅，敬也；雍雍，和也。夫敬以和，何事不行？為人君者謹其所好惡而已矣。君好之，則臣為之。上行之，則民從之。《詩》云：『誘民孔易』，此之謂也。」然後，聖人作為鞀、鼓、椌、楬、塤、篪，此六者德音之音也。然後鐘磬竽瑟以和之，干戚旄狄以舞之，此所以祭先王之廟也，所以獻酬酳酢也，所以官序貴賤各得其宜也，所以示後世有尊卑長幼之序也。鐘聲鏗，鏗以立號，號以立橫，橫以立武。君子聽鐘聲則思武臣。石聲磬，磬以立辨，辨以致死。君子聽磬聲則思死封疆之臣。絲聲哀，哀以立廉，廉以立志。君子聽琴瑟之聲則思志義之臣。竹聲濫，濫以立會，會以聚眾。君子聽竽笙簫管之聲，則思畜聚之臣。鼓鼙之聲讙，讙以立動，動以進眾。君子聽鼓鼙之聲，則思將帥之臣。君子之聽音，非聽其鏗槍而已也，彼亦有所合之也。

賓牟賈侍坐於孔子，孔子與之言及樂，曰：「夫《武》之備戒之已久，何也？」對曰：「病不得眾也。」「詠嘆之，淫液之，何也？」對曰：

「恐不逮事也。」「發揚蹈厲之已蚤,何也?」對曰:「及時事也。」「武坐致右憲左,何也?」對曰:「非武坐也。」「聲淫及商,何也?」對曰:「非《武》音也。」子曰:「若非《武》音,則何音也?」對曰:「有司失其傳也。若非有司失其傳,則武王之志荒矣。」子曰:「唯!丘之聞諸萇弘,亦若吾子之言是也。」賓牟賈起,免席而請曰:「夫《武》之備戒之已久,則既聞命矣,敢問:遲之遲而又久,何也?」子曰:「居!吾語汝。夫樂者,象成者也;總干而山立,武王之事也;發揚蹈厲,大公之志也。《武》亂皆坐,周、召之治也。且夫《武》,始而北出,再成而滅商。三成而南,四成而南國是疆,五成而分周公左召公右,六成復綴以崇。天子夾振之而駟伐,盛威於中國也。分夾而進,事早濟也,久立於綴,以待諸侯之至也。且女獨未聞牧野之語乎?武王克殷反商。未及下車而封黃帝之後於薊,封帝堯之後於祝,封帝舜之後於陳。下車而封夏後氏之後於杞,投殷之後於宋。封王子比干之墓,釋箕子之囚,使之行商容而復其位。庶民弛政,庶士倍祿。濟河而西,馬散之華山之陽,而弗復乘;牛散之桃林之野,而弗復服。車甲釁而藏之府庫,而弗復用。倒載干戈,包之以虎皮;將帥之士,使為諸侯;名之曰建櫜。然後知武王之不復用兵也。散軍而郊射,左射貍首,右射騶虞,而貫革之射息也。裨冕搢笏,而虎賁之士說劍也。祀乎明堂而民知孝。朝覲然後諸侯知所以臣,耕藉然後諸侯知所以敬。五者,天下之大教也。食三老五更於大學,天子袒而割牲,執醬而饋,執爵而酳,冕而總干,所以教諸侯之弟也。若此則周道四達,禮樂交通。則夫《武》之遲久,不亦宜乎!」

君子曰:禮樂不可斯須去身。致樂以治心,則易直子諒之心油然生矣。易直子諒之心生則樂,樂則安,安則久,久則天,天則神。天則不言而信,神則不怒而威,致樂以治心者也。致禮以治躬則莊敬,莊敬則嚴威。心中斯須不和不樂,而鄙詐之心入之矣。外貌斯須不莊不敬,而易慢之心入之矣。故樂也者,動於內者也;禮也者,動於外者也。樂極和,禮極順,內和而外順,則民瞻其顏色而弗與爭也;望其容貌,而民不生易慢焉。故德輝動於內,而民莫不承聽;理發諸外,而民莫不承順。故曰:致禮樂之道,舉而錯之,天下無難矣。樂也者,動於

內者也；禮也者，動於外者也。故禮主其減，樂主其盈。禮減而進，以進為文：樂盈而反，以反為文。禮減而不進則銷，樂盈而不反則放；故禮有報而樂有反。禮得其報則樂，樂得其反則安；禮之報，樂之反，其義一也。夫樂者樂也，人情之所不能免也。樂必發於聲音，形於動靜，人之道也。聲音動靜，性術之變，盡於此矣。故人不耐無樂，樂不耐無形。形而不為道，不耐無亂。先王恥其亂，故制雅、頌之聲以道之，使其聲足樂而不流，使其文足論而不息，使其曲直繁瘠、廉肉節奏足以感動人之善心而已矣。不使放心邪氣得接焉，是先王立樂之方也。是故樂在宗廟之中，君臣上下同聽之則莫不和敬；在族長鄉里之中，長幼同聽之則莫不和順；在閨門之內，父子兄弟同聽之則莫不和親。故樂者審一以定和，比物以飾節；節奏合以成文。所以合和父子君臣，附親萬民也，是先王立樂之方也。故聽其雅、頌之聲，志意得廣焉；執其干戚，習其俯仰詘伸，容貌得莊焉；行其綴兆，要其節奏，行列得正焉，進退得齊焉。故樂者天地之命，中和之紀，人情之所不能免也。夫樂者，先王之所以飾喜也，軍旅鈇鉞者，先王之所以飾怒也。故先王之喜怒，皆得其儕焉。喜則天下和之，怒則暴亂者畏之。先王之道，禮樂可謂盛矣。

子贛見師乙而問焉，曰：「賜聞聲歌各有宜也，如賜者，宜何歌也？」師乙曰：「乙賤工也，何足以問所宜？請誦其所聞，而吾子自執焉：寬而靜、柔而正者宜歌頌。廣大而靜、疏達而信者宜歌大雅。恭儉而好禮者宜歌小雅。正直而靜、廉而謙者宜歌風。肆直而慈愛者宜歌商；溫良而能斷者宜歌齊。夫歌者，直己而陳德也。動己而天地應焉，四時和焉，星辰理焉，萬物育焉。故商者，五帝之遺聲也。商人識之，故謂之商。齊者三代之遺聲也，齊人識之，故謂之齊。明乎商之音者，臨事而屢斷，明乎齊之音者，見利而讓。臨事而屢斷，勇也；見利而讓，義也。有勇有義，非歌孰能保此？故歌者，上如抗，下如隊，曲如折，止如槁木，倨中矩，句中鉤，纍纍乎端如貫珠。故歌之為言也，長言之也。說之，故言之；言之不足，故長言之；長言之不足，故嗟嘆之；嗟嘆之不足，故不知手之舞之，足之蹈之也。」
子貢問樂。

雜記上

諸侯行而死於館，則其復如於其國。如於道，則升其乘車之左轂，以其綏復。其輤有裧，緇布裳帷素錦以為屋而行。至於廟門，不毀墙遂入適所殯，唯輤為說於廟門外。大夫、士死於道，則升其乘車之左轂，以其綏復。如於館死，則其復如於家。大夫以布為輤而行，至於家而說輤，載以輲車，入自門至於阼階下而說車，舉自阼階，升適所殯。士輤，葦席以為屋，蒲席以為裳帷。

凡訃於其君，曰：「君之臣某死」；父母、妻、長子，曰：「君之臣某之某死」。君訃於他國之君，曰：「寡君不祿，敢告於執事。」；夫人，曰：「寡小君不祿。」；大子之喪，曰：「寡君之適子某死。」大夫訃於同國：適者，曰：「某不祿」；訃於士，亦曰：「某不祿」；訃於他國之君，曰：「君之外臣寡大夫某死」，訃於適者，曰：「吾子之外私寡大夫某不祿，使某實。」訃於士，亦曰：「吾子之外私寡大夫某不祿，使某實。」士訃於同國大夫，曰：「某死」，訃於士，亦曰：「某死」；訃於他國之君，曰：「君之外臣某死」，訃於大夫，曰：「吾子之外私某死」，訃於士，亦曰：「吾子之外私某死」。大夫次於公館以終喪，士練而歸。士次於公館，大夫居廬，士居堊室。大夫為其父母兄弟之未為大夫者之喪，服如士服。士為其父母兄弟之為大夫者之喪，服如士服。大夫之適子，服大夫之服。大夫之庶子為大夫，則為其父母服大夫服；其位，與未為大夫者齒。士之子為大夫，則其父母弗能主也，使其子主之。無子，則為之置後。大夫卜宅與葬日，有司麻衣、布衰、布帶，因喪屨，緇布冠不蕤。占者皮弁。如筮，則史練冠長衣以筮。占者朝服。大夫之喪，既薦馬。薦馬者，哭踊，出乃包奠而讀書。大夫之喪，大宗人相，小宗人命龜，卜人作龜。復，諸侯以褒衣冕服，爵弁服，夫人稅衣揄狄，狄稅素沙。內子以鞠衣，褒衣，素沙。下大夫以襢衣，其餘如士。復西上。大夫不揄絞，屬於池下。大夫附於士，士不附於大夫，附於大夫之昆弟。無昆弟，則從其昭穆。雖王父母在，亦然。婦附於其夫之所附之妃，無妃。則亦從其昭穆之妃。妾附於妾祖姑，無妾祖姑則亦從其昭穆之妾。男子附於王父則配；女子附於王母，則不配。公子附於公子。君

薨，大子號稱子，待猶君也。

有三年之練冠，則以大功之麻易之；唯杖屨不易。有父母之喪，尚功衰，而附兄弟之殤則練冠。附於殤，稱陽童某甫，不名，神也。凡異居，始聞兄弟之喪，唯以哭對，可也。其始麻，散帶絰。未服麻而奔喪，及主人之未成絰也：疏者，與主人皆成之；親者，終其麻帶絰之日數。主妾之喪，則自絰至於練祥，皆使其子主之。其殯祭，不於正室。君不撫仆妾。女君死，則妾為女君之黨服。攝女君，則不為先女君之黨服。

聞兄弟之喪，大功以上，見喪者之鄉而哭。適兄弟之送葬者弗及，遇主人於道，則遂之於墓。凡主兄弟之喪，雖疏亦虞之。

凡喪服未畢，有吊者，則為位而哭拜踊。大夫之哭大夫，弁絰；大夫與殯，亦弁絰。大夫有私喪之葛，則於其兄弟之輕喪，則弁絰。

為長子杖，則其子不以杖即位。為妻，父母在，不杖，不稽顙。母在，不稽顙。稽顙者，其贈也拜。違諸侯之大夫，不反服。

違大夫之諸侯，不反服。喪冠條屬，以別吉凶。三年之練冠，亦條屬，右縫。小功以下左。緦冠繰纓。大功以上散帶。朝服十五升，去其半而緦；加灰，錫也。

諸侯相襚，以後路與冕服。先路與褒衣，不以襚。遣車視牢具。疏布輤，四面有章，置於四隅。載粻，有子曰：「非禮也。喪奠，脯醢而已。」祭稱孝子、孝孫，喪稱哀子、哀孫。端衰，喪車，皆無等。大白冠，緇布之冠，皆不蕤。委武玄縞而後蕤。大夫冕而祭於公，弁而祭於己。士弁而祭於公，冠而祭於己。士弁而親迎，然則士弁而祭於己可也。

暢臼以椈，杵以梧。枇以桑，長三尺；或曰五尺。畢用桑，長三尺，刊其柄與末。率帶，諸侯、大夫皆五采；士二采。醴者，稻醴也。甕甒筲衡，實見間而後折入。重，既虞而埋之。

凡婦人，從其夫之爵位。小斂、大斂、啟，皆辯拜。朝夕哭，不帷。無柩者不帷。君若載而後吊之，則主人東面而拜，門右北面而踊。出待，反而後奠。子羔之襲也：繭衣裳與稅衣纁袡為一，素端一，皮弁一，爵弁一，玄冕一。曾子曰：「不襲婦服。」為君使而死，於公館，

復；私館不復。公館者，公宮與公所為也。私館者，自卿大夫以下之家也。公七踊，大夫五踊，婦人居間，士三踊，婦人皆居間。公襲：卷衣一，玄端一，朝服一，素積一，纁裳一，爵弁二，玄冕一，褒衣一。朱綠帶，申加大帶於上。小斂環絰，公大夫士一也。公視大斂，公升，商祝鋪席，乃斂。魯人之贈也：三玄二纁，廣尺，長終幅。吊者即位於門西，東面；其介在其東南，北面西上，西於門。主孤西面。相者受命曰：「孤某使某請事。」客曰：「寡君使某，如何不淑！」相者入告，出曰：「孤某須矣。」吊者入，主人升堂，西面。吊者升自西階，東面，致命曰：「寡君聞君之喪，寡君使某，如何不淑！」子拜稽顙，吊者降，反位。含者執璧將命曰：「寡君使某含。」相者入告，出曰：「孤某須矣。」含者入，升堂，致命。再拜稽顙。含者坐委于殯東南，有葦席；既葬，蒲席。降，出，反位。宰朝服，即喪屨升自西階，西面，坐取璧，降自西階以東。襚者曰：「寡君使某襚。」相者入告，出曰：「孤某須矣。」襚者執冕服；左執領，右執要，入，升堂致命曰：「寡君使某襚。」子拜稽顙。委衣於殯東。襚者降，受爵弁服於門內霤，將命，子拜稽顙，如初。受皮弁服於中庭。自西階受朝服，自堂受玄端，將命，子拜稽顙，皆如初。襚者降，出，反位。宰夫五人，舉以東。降自西階。其舉亦西面。上介贈：執圭將命，曰：「寡君使某贈。」相者入告，反命曰：「孤某須矣。」陳乘黃大路於中庭，北輈。執圭將命。客使自下，由路西。子拜稽顙，坐委於殯東南隅。宰舉以東。凡將命，鄉殯將命，子拜稽顙。西面而坐，委之。宰舉璧與圭，宰夫舉襚，升自西階，西面，坐取之，降自西階。贈者出，反位于門外。上客臨曰：「寡君有宗廟之事，不得承事，使一介老某相執綍。」相者反命曰：「孤某須矣。」臨者入門右，介者皆從之，立於其左東上。宗人納賓，升，受命於君；降曰：「孤敢辭吾子之辱，請吾子之復位。」客對曰：「寡君命某，毋敢視賓客，敢辭。」宗人反命曰：「孤敢固辭吾子之辱，請吾子之復位。」客對曰：「寡君命某，毋敢視賓客，敢固辭。」宗人反命曰：「孤敢固辭吾子之辱，請吾子之復位。」客對曰：「寡君命使臣某，毋敢視賓客，是以敢固辭。固辭不獲命，敢不敬從。」客立於門西，

介立於其左，東上。孤降自阼階，拜之，升哭，與客拾踴三。客出，送於門外，拜稽顙。

其國有君喪，不敢受弔。外宗房中南面，小臣鋪席，商祝鋪絞紟衾，士盥於盤北。舉遷尸於斂上，卒斂，宰告子，馮之踴。夫人東面坐，馮之興踴。士喪有與天子同者三：其終夜燎，及乘人，專道而行。

雜記下

有父之喪，如未沒喪而母死，其除父之喪也，服其除服。卒事，反喪服。雖諸父昆弟之喪，如當父母之喪，其除諸父昆弟之喪也，皆服其除喪之服。卒事，反喪服。如三年之喪，則既穎，其練祥皆同。王父死，未練祥而孫又死，猶是附於王父也。

有殯，聞外喪，哭之他室。入奠，卒奠，出，改服即位，如始即位之禮。

大夫、士將與祭於公，既視濯，而父母死，則猶是與祭也，次於異宮。既祭，釋服出公門外，哭而歸。其它如奔喪之禮。如未視濯，則使人告。告者反，而後哭。如諸父昆弟姑姊妹之喪，則既宿，則與祭。卒事，出公門，釋服而後歸。其它如奔喪之禮。如同宮，則次於異宮。

曾子問曰：「卿大夫將為尸於公，受宿矣，而有齊衰內喪，則如之何？」孔子曰：「出舍乎公宮以待事，禮也。」孔子曰：「尸弁冕而出，卿、大夫、士皆下之。尸必式，必有前驅。」

父母之喪，將祭，而昆弟死；既殯而祭。如同宮，則雖臣妾，葬而後祭。祭，主人之升降散等，執事者亦散等。雖虞附亦然。

自諸侯達諸士，小祥之祭，主人之酢也嚌之；眾賓兄弟，則皆啐之。

大祥：主人啐之，眾賓兄弟皆飲之，可也。

凡侍祭喪者，告賓祭薦而不食。

子貢問喪，子曰：「敬為上，哀次之，瘠為下。顏色稱其情；戚容稱其服。」請問兄弟之喪，子曰：「兄弟之喪，則存乎書策矣。」君子不奪人之喪，亦不可奪喪也。

孔子曰：「少連、大連善居喪，三日不怠，三月不解，期悲哀，三年憂。東夷之子也。」

102

三年之喪，言而不語，對而不問：廬，堊室之中，不與人坐焉；在堊室之中，非時見乎母也，不入門。疏衰皆居堊室不廬。廬，嚴者也。

妻視叔父母，姑姊妹視兄弟，長、中、下殤視成人。

親喪外除，兄弟之喪內除。

視君之母與妻，比之兄弟。發諸顏色者，亦不飲食也。

免喪之外，行於道路，見似目瞿，聞名心瞿。弔死而問疾，顏色戚容必有以異於人也。如此而後可以服三年之喪。其餘則直道而行之，是也。

祥，主人之除也，於夕為期，朝服。祥因其故服。

子游曰：「既祥，雖不當縞者必縞，然後反服。」

當祖，大夫至，雖當踊，絕踊而拜之，反改成踊，乃襲。於士，既事成踊，襲而後拜之，不改成踊。

上大夫之虞也，少牢。卒哭成事，附，皆大牢。下大夫之虞也，特牲。卒哭成事，附，皆少牢。

祝稱卜葬虞，子孫曰哀，夫曰乃，兄弟曰某，卜葬其兄弟曰伯子某。

古者，貴賤皆杖。叔孫武叔朝，見輪人以其杖關轂而輠輪者，於是有爵而後杖也。

鑿巾以飯，公羊賈為之也。

冒者何也？所以掩形也。自襲以至小斂，不設冒則形，是以襲而後設冒也。

或問於曾子曰：「夫既遣而包其餘，猶既食而裹其餘與？君子既食，則裹其餘乎？」曾子曰：「吾子不見大饗乎？夫大饗，既饗，卷三牲之俎歸於賓館。父母而賓客之，所以為哀也！子不見大饗乎！」非為人喪，問與？賜與？

三年之喪，以其喪拜；非三年之喪，以吉拜。

三年之喪，如或遺之酒肉，則受之必三辭。主人衰絰而受之。如君命，則不敢辭，受而薦之。喪者不遺人，人遺之，雖酒肉，受也。從父昆弟以下，既卒哭，遺人可也。

縣子曰：「三年之喪，如斬。期之喪，如剡。」

三年之喪，雖功衰不弔，自諸侯達諸士。如有服而將往哭之，則服其

服而往。期之喪，十一月而練，十三月而祥，十五月禫。練則吊。既葬，大功吊，哭而退，不聽事焉。期之喪，未喪，吊於鄉人。哭而退，不聽事焉。功衰吊，待事不執事。小宝緦，執事不與於禮。相趨也，出宮而退。相揖也，哀次而退。相問也，既封而退。相見也。反哭而退。朋友，虞附而退。吊，非從主人也。四十者執綍：鄉人五十者從反哭，四十者待盈坎。

喪食雖惡必充饑，饑而廢事，非禮也；飽而忘哀，亦非禮也。視不明，聽不聰，行不正，不知哀，君子病之。故有疾飲酒食肉，五十不致毀，六十不毀，七十飲酒食肉，皆為疑死。

有服，人召之食，不往。大功以下，既葬，適人，人食之，其黨也食之，非其黨弗食也。功衰食菜果，飲水漿，無鹽酪。不能食食，鹽酪可也。

孔子曰：「身有瘍則浴，首有創則沐，病則飲酒食肉。毀瘠為病，君子弗為也。毀而死，君子謂之無子。」

非從柩與反哭，無免於堩。

凡喪，小宝以上，非虞附練祥，無沐浴。疏衰之喪，既葬，人請見之，則見；不請見人。小宝，請見人可也。大功不以執摯。唯父母之喪，不辟涕泣而見人。

三年之喪，祥而從政；期之喪，卒哭而從政；九月之喪，既葬而從政；小宝緦之喪，既殯而從政。

曾申問於曾子曰：「哭父母有常聲乎？」曰：「中路嬰兒失其母焉，何常聲之有？」

卒哭而諱。王父母兄弟，世父叔父，姑姊妹。子與父同諱。母之諱，宮中諱。妻之諱，不舉諸其側；與從祖昆弟同名則諱。

以喪冠者，雖三年之喪，可也。既冠於次，入哭踊，三者三，乃出。大功之末，可以冠子，可以嫁子。父，小宝之末，可以冠子，可以嫁子，可以取婦。己雖小宝，既卒哭，可以冠，取妻；下殤之小宝，則不可。凡弁絰，其衰侈袂。

父有服，宮中子不與於樂。母有服，聲聞焉不舉樂。妻有服，不舉樂於其側。大功將至，辟琴瑟。小宝至，不絕樂。

姑姊妹，其夫死，而夫黨無兄弟，使夫之族人主喪。妻之黨，雖親弗主。夫若無族矣，則前後家，東西家；無有，則里尹主之。或曰：主之，而附於夫之黨。

麻者不紳，執玉不麻。麻不加於采。

國禁哭，則止朝夕之奠。即位自因也。

童子哭不偯，不踊，不杖，不菲，不廬。

孔子曰：「伯母、叔母，疏衰，踊不絕地。姑姊妹之大功，踊絕於地。如知此者，由文矣哉！由文矣哉！

世柳之母死，相者由左。世柳死，其徒由右相。由右相，世柳之徒為之也。

天子飯九貝；諸侯七，大夫五，士三。

士三月而葬，是月也卒哭；大夫三月而葬，五月而卒哭；諸侯五月而葬，七月而卒哭。士三虞，大夫五，諸侯七。

諸侯使人吊，其次含、襚、賵、臨，皆同日而畢事者也，其次如此也。

卿大夫疾，君問之無算；士一問之。君於卿大夫，比葬不食肉，比卒哭不舉樂；為士，比殯不舉樂。

升正柩，諸侯執綍五百人，四綍，皆銜枚，司馬執鐸，左八人，右八人，匠人執羽葆御柩。大夫之喪，其升正柩也，執引者三百人，執鐸者左右各四人，御柩以茅。

孔子曰：「管仲鏤簋而朱紘，旅樹而反坫，山節而藻梲。賢大夫也，而難為上也。晏平仲祀其先人。豚肩不掩豆。賢大夫也，而難為下也。君子上不僭上，下不偪下。」

婦人非三年之喪，不踰封而吊。如三年之喪，則君夫人歸。夫人其歸也以諸侯之吊禮，其待之也若待諸侯然。夫人至，入自闈門，升自側階，君在阼。其他如奔喪禮然。

嫂不撫叔，叔不撫嫂。

君子有三患：未之聞，患弗得聞也；既聞之，患弗得學也；既學之，患弗能行也。君子有五恥：居其位，無其言，君子恥之；有其言，無其行，君子恥之；既得之而又失之，君子恥之；地有餘而民不足，君

子恥之；眾寡均而倍焉，君子恥之。

孔子曰：「凶年則乘駑馬。祀以下牲。」

恤由之喪，哀公使孺悲之孔子學士喪禮，士喪禮於是乎書。

子貢觀於蠟。孔子曰：「賜也樂乎？」對曰：「一國之人皆若狂，賜未知其樂也！」子曰：「百日之蠟，一日之澤，非爾所知也。張而不弛，文武弗能也；弛而不張，文武弗為也。一張一弛，文武之道也。」

孟獻子曰：「正月日至，可以有事於上帝；七月日至，可有事於祖。」七月而禘，獻子為之也。

夫人之不命於天子，自魯昭公始也。

外宗為君夫人，猶內宗也。

廄焚，孔子拜鄉人為火來者。拜之，士壹，大夫再。亦相吊之道也。

孔子曰：「管仲遇盜，取二人焉，上以為公臣，曰：『其所與游辟也，可人也！』管仲死，桓公使為之服。宦於大夫者之為之服也，自管仲始也，有君命焉爾也。」

過而舉君之諱，則起。與君之諱同，則稱字。

內亂不與焉，外患弗辟也。

贊，大行曰圭。公九寸，侯、伯七寸，子、男五寸。博三寸，厚半寸。剡上，左右各寸半，玉也。藻三采六等。

哀公問子羔曰：「子之食奚當？」對曰：「文公之下執事也。」

成廟則釁之。其禮：祝、宗人、宰夫、雍人，皆爵弁純衣。雍人拭羊，宗人視之，宰夫北面於碑南，東上。雍人舉羊，升屋自中，中屋南面，刲羊，血流於前，乃降。門、夾室皆用雞。先門而後夾室。其衈皆於屋下。割雞，門當門，夾室中室。有司皆鄉室而立，門則有司當門北面。既事，宗人告事畢，乃皆退。反命於君曰：「釁某廟事畢。」反命於寢，君南鄉于門內朝服。既反命，乃退。

路寢成則考之而不釁。釁屋者，交神明之道也。凡宗廟之器。其名者成則釁之以豭豚。

諸侯出夫人，夫人比至於其國，以夫人之禮行；至，以夫人入。使者將命曰：「寡君不敏，不能從而事社稷宗廟，使使臣某，敢告於執

事。」主人對曰：「寡君固前辭不教矣，寡君敢不敬須以俟命。」有司官陳器皿；主人有司亦官受之。

妻出，夫使人致之曰：「某不敏，不能從而共粢盛，使某也敢告於侍者。」主人對曰：「某之子不肖，不敢辟誅，敢不敬須以俟命。」使者退，主人拜送之。如舅在，則稱舅；舅沒，則稱兄；無兄，則稱夫。主人之辭曰：「某之子不肖。」如姑姊妹，亦皆稱之。

孔子曰：「吾食於少施氏而飽，少施氏食我以禮。吾祭，作而辭曰：『疏食不足祭也。』吾飧，作而辭曰：『疏食也，不敢以傷吾子。』」納幣一束：束五兩，兩五尋。

婦見舅姑，兄弟、姑姊妹，皆立於堂下，西面北上，是見已。見諸父，各就其寢。

女雖未許嫁，年二十而笄，禮之，婦人執其禮。燕則鬈首。

韠：長三尺，下廣二尺，上廣一尺。會去上五寸，紕以爵韋六寸，不至下五寸。純以素，紃以五采。

喪大記

疾病，外內皆掃。君大夫徹縣，士去琴瑟。寢東首於北牖下。廢床。徹褻衣，加新衣，體一人。男女改服。屬纊以俟絕氣。男子不死於婦人之手，婦人不死於男子之手。君夫人卒於路寢，大夫世婦卒於適寢，內子未命，則死於下室。遷尸於寢，士士之妻皆死於寢。

復，有林麓，則虞人設階；無林麓，則狄人設階。小臣復，復者朝服。君以卷，夫人以屈狄；大夫以玄赬，世婦以襢衣；士以爵弁，士妻以稅衣。皆升自東榮，中屋履危，北面三號，卷衣投於前，司命受之，降自西北榮。其為賓，則公館復，私館不復；其在野，則升其乘車之左轂而復。復衣不以衣尸，不以斂。婦人復，不以袡。凡復，男子稱名，婦人稱字。唯哭先復，復而後行死事。

始卒，主人啼，兄弟哭，婦人哭踊。既正尸，子坐於東方，卿大夫父兄子姓立於東方，有司庶士哭於堂下北面；夫人坐於西方，內命婦姑姊妹子姓立於西方，外命婦率外宗哭於堂上北面。大夫之喪，主人坐於東方，主婦坐於西方，其有命夫命婦則坐，無則皆立。士之喪，主

人父兄子姓皆坐於東方，主婦姑姊妹子姓皆坐於西方。凡哭尸於室者，主人二手承衾而哭。

君之喪，未小斂，為寄公國賓出；大夫之喪，未小斂，為君命出；士之喪，於大夫不當斂而出。凡主人之出也，徒跣扱衽拊心，降自西階。君拜寄公國賓于位；大夫於君命，迎於寢門外，使者升堂致命，主人拜于下；士於大夫親吊則與之哭；不逆於門外，夫人為寄公夫人出，命婦為夫人之命出，士妻不當斂，則為命婦出。

小斂，主人即位於戶內，主婦東面，乃斂。卒斂，主人馮之踊，主婦亦如之。主人袒說髦，括髮以麻，婦人髽，帶麻於房中。徹帷，男女奉尸夷於堂，降拜：君拜寄公國賓，大夫士拜卿大夫於位，於士旁三拜；夫人亦拜寄公夫人於堂上，大夫內子士妻特拜，命婦泛拜眾賓於堂上。主人即位，襲帶絰踊——母之喪，即位而免，乃奠。吊者襲裘，加武帶絰，與主人拾踊。君喪，虞人出木角，狄人出壺，雍人出鼎，司馬縣之，乃官代哭，大夫官代哭不縣壺，士代哭不以官。君堂上二燭、下二燭，大夫堂上一燭、下二燭，士堂上一燭、下一燭。賓出徹帷。哭尸於堂上，主人在東方，由外來者在西方，諸婦南鄉。婦人迎客送客不下堂，下堂不哭；男子出寢門見人不哭。其無女主，則男主拜女賓於寢門內；其無男主，則女主拜男賓於阼階下。子幼，則以衰抱之，人為之拜；為後者不在，則有爵者辭，無爵者人為之拜。在竟內則俟之，在竟外則殯葬可也。喪有無後，無無主。

君之喪：三日，子、夫人杖，五日既殯，授大夫世婦杖。子、大夫寢門之外杖，寢門之內輯之；夫人世婦在其次則杖，即位則使人執之。子有王命則去杖，國君之命則輯杖，聽卜有事於尸則去杖。大夫於君所則輯杖，於大夫所則杖。大夫之喪：三日之朝既殯，主人主婦室老皆杖。大夫有君命則去杖，大夫之命則輯杖；內子為夫人之命去杖，為世婦之命授人杖。士之喪：二日而殯，三日而朝，主人杖，婦人皆杖。於君命夫人之命如大夫，於大夫世婦之命如大夫。子皆杖，不以即位。大夫士哭殯則杖，哭柩則輯杖。棄杖者，斷而棄之於隱者。

始死，遷尸於床，幠用斂衾，去死衣，小臣楔齒用角柶，綴足用燕几，君大夫士一也。

管人汲，不說縲、屈之，盡階不升堂，授御者；御者入浴：小臣四人抗衾，御者二人浴，浴水用盆，沃水用枓，浴用絺巾，挋用浴衣，如它日；小臣爪足，浴餘水棄于坎。其母之喪，則內御者抗衾而浴。管人汲，授御者，御者差沐於堂上——君沐粱，大夫沐稷，士沐粱。甸人為垼於西墙下，陶人出重鬲，管人受沐，乃煮之，甸人取所徹廟之西北厞薪，用爨之。管人授御者沐，乃沐；沐用瓦盤，挋用巾，如它日，小臣爪手翦須，濡濯棄於坎。君設大盤造冰焉，大夫設夷盤造冰焉，士并瓦盤無冰，設床襢笫，有枕。含一床，襲一床遷尸於堂又一床，皆有枕席——君大夫士一也。

君之喪，子、大夫、公子、眾士皆三日不食。子、大夫、公子食粥，納財，朝一溢米，莫一溢米，食之無算；士疏食水飲，食之無算；夫人世婦諸妻皆疏食水飲，食之無算。大夫之喪，主人室老子姓皆食粥；眾士疏食水飲；妻妾疏食水飲。士亦如之。既葬，主人疏食水飲，不食菜果；婦人亦如之。君大夫士一也。練而食菜果，祥而食肉。食粥於盛不盥，食於篹者盥。食菜以醯醬，始食肉者先食乾肉，始飲酒者先飲醴酒。期之喪，三不食；食：疏食水飲，不食菜果，三月既葬，食肉飲酒。期終喪，不食肉，不飲酒，父在為母，為妻。九月之喪，食飲猶期之喪也，食肉飲酒，不與人樂之。五月三月之喪，壹不食再不食可也。比葬，食肉飲酒，不與人樂之。叔母、世母、故主、宗子食肉飲酒。不能食粥，羹之以菜可也；有疾，食肉飲酒可也。五十不成喪，七十唯衰麻在身。既葬，若君食之則食之；大夫父之友食之則食之矣。不辟粱肉，若有酒醴則辭。

小斂於戶內，大斂於阼。君以簟席，大夫以蒲席，士以葦席。小斂：布絞，縮者一，橫者三。君錦衾，大夫縞衾，士緇衾，皆一。衣十有九稱，君陳衣于序東；大夫士陳衣于房中；皆西領北上。絞紟不在列。大斂：布絞，縮者三，橫者五，布紟二衾。君大夫士一也。君陳衣于庭，百稱，北領西上；大夫陳衣于序東，五十稱，西領南上；士陳衣于序東，三十稱，西領南上。絞紟如朝服，絞一幅為三、不辟，紟五幅、無紞。小斂之衣，祭服不倒。君無襚，大夫士畢主人之祭服；親戚之衣，受之不以即陳。小斂，君大夫士皆用復衣復衾；大斂，君大

夫士祭服無算，君褶衣褶衾，大夫士猶小斂也。袍必有表，不禪，衣必有裳，謂之一稱。凡陳衣者實之篋，取衣者亦以篋升，降者自西階。凡陳衣、不詘，非列采不入，絺綌紵不入。

凡斂者袒，遷尸者襲。君之喪，大胥是斂，眾胥佐之；大夫之喪，大胥侍之，眾胥是斂；士之喪，胥為侍，士是斂。小斂大斂，祭服不倒，皆左衽結絞不紐。斂者既斂必哭。士與其執事則斂，斂焉則為之壹不食。凡斂者六人。君錦冒黼殺，綴旁七；大夫玄冒黼殺，綴旁五；士緇冒赬殺，綴旁三。凡冒質長與手齊，殺三尺，自小斂以往用夷衾，夷衾質殺之，裁猶冒也。君將大斂，子弁絰，即位于序端，卿大夫即位于堂廉楹西，北面東上，父兄堂下北面，夫人命婦尸西東面，外宗房中南面。小臣鋪席，商祝鋪絞紟衾衣，士盥于盤，上士舉遷尸于斂上。卒斂，宰告，子馮之踴，夫人東面亦如之。大夫之喪，將大斂，既鋪絞紟衾衣。君至，主人迎，先入門右，巫止於門外，君釋菜，祝先入升堂，君即位于序端，卿大夫即位于堂廉楹西，北面東上；主人房外南面，主婦尸西，東面。遷尸，卒斂，宰告，主人降，北面于堂下，君撫之，主人拜稽顙，君降、升主人馮之，命主婦馮之。士之喪，將大斂，君不在，其餘禮猶大夫也。鋪絞紟，踴；鋪衾，踴；鋪衣，踴；遷尸，踴；斂衣，踴；斂衾，踴；斂絞紟，踴。

君撫大夫，撫內命婦；大夫撫室老，撫姪娣。君大夫馮父母、妻、長子，不馮庶子；士馮父母、妻、長子、庶子，庶子有子，則父母不馮其尸。凡馮尸者，父母先，妻子後。君於臣撫之，父母於子執之，子於父母馮之，婦於舅姑奉之，舅姑於婦撫之，妻於夫拘之，夫於妻於昆弟執之。馮尸不當君所。凡馮尸，興必踴。

父母之喪，居倚廬、不涂，寢苫枕塊，非喪事不言。君為廬宮之，大夫士襢之。既葬柱楣，涂廬不於顯者。君、大夫、士皆宮之。凡非適子者，自未葬以於隱者為廬。既葬，與人立：君言王事，不言國事；大夫士言公事，不言家事。君既葬，王政入於國，既卒哭而服王事；大夫、士既葬，公政入於家，既卒哭、弁絰帶，金革之事無辟也。既練，居堊室，不與人居。君謀國政，大夫、士謀家事。既祥，黝堊。祥而外無哭者；禫而內無哭者，樂作矣故也。禫而從御，吉祭而復寢。

期居廬，終喪不御於內者，父在為母為妻；齊衰期者，大功布衰九月者，皆三月不御於內。婦人不居廬，不寢苫。喪父母，既練而歸；期九月者，既葬而歸。公之喪，大夫俟練，士卒哭而歸。大夫、士父母之葬，既練而歸。朔月忌日，則歸哭于宗室。諸父兄弟之喪，既卒哭而歸。父不次於子，兄不次於弟。

君於大夫、世婦大斂焉；為之賜則小斂焉。於外命婦，既加蓋而君至。於士，既殯而往；為之賜，大斂焉。夫人於世婦，大斂焉；為之賜，小斂焉。於諸妻，為之賜，大斂焉。於大夫外命婦，既殯而往。大夫、士既殯而君往焉，使人戒之，主人具殷奠之禮，俟于門外。見馬首，先入門右，巫止于門外，祝代之先，君釋菜于門內。祝先升自阼階，負墉南面。君即位于阼。小臣二人執戈立于前，二人立于後。擯者進，主人拜稽顙。君稱言，視祝而踊，主人踊。大夫則奠可也。士則出俟于門外，命之反奠，乃反奠。卒奠，主人先俟於門外，君退，主人送于門外，拜稽顙。君於大夫疾，三問之，在殯，三往焉；士疾，壹問之，在殯，壹往焉。君吊則復殯服。夫人吊於大夫、士，主人出迎于門外，見馬首，先入門右。夫人入，升堂即位。主婦降自西階，拜稽顙于下。夫人視世子而踊。奠如君至之禮。夫人退，主婦送于門內，拜稽顙；主人送于大門之外不拜。大夫君不迎于門外。入即位于堂下。主人北面，眾主人南面；婦人即位于房中。若有君命，命夫命婦之命，四鄰賓客，其君後主人而拜。君吊，見尸柩而後踊。大夫、士若君不戒而往，不具殷奠；君退必奠。

君大棺八寸，屬六寸，椑四寸；上大夫大棺八寸，屬六寸；下大夫大棺六寸，屬四寸，士棺六寸。君里棺用朱綠，用雜金鐕；大夫里棺用玄綠，用牛骨鐕；士不綠。君蓋用漆，三衽三束；大夫蓋用漆，二衽二束；士蓋不用漆，二衽二束。君、大夫鬐爪；實于綠中；士埋之。君殯用輴，欑至于上，畢涂屋；大夫殯以幬，欑置于西序，涂不暨于棺；士殯見衽，涂上帷之。熬，君四種八筐，大夫三種六筐，士二種四筐，加魚臘焉。飾棺，君龍帷三池，振容。黼荒，火三列，黼三列。素錦褚，加偽荒。纁紐六。齊，五采五貝。黼翣二，黻翣二，畫翣二，皆戴圭。魚躍拂池。君纁戴六，纁披六。大夫畫帷二池，不振容。畫

荒，火三列，黻三列。素錦褚。纁紐二，玄紐二。齊，三采三貝。黻
翣二，畫翣二，皆戴綏。魚躍拂池。大夫戴前纁後玄，披亦如之。士
布帷布荒，一池，揄絞。纁紐二，緇紐二。齊，三采一貝。畫翣二，
皆戴綏。士戴前纁後緇，二披用纁。君葬用輴，四綍二碑，御棺用羽
葆。大夫葬用輴，二綍二碑，御棺用茅。士葬用國車。二綍無碑，比
出宮，御棺用功布。凡封，用綍去碑負引，君封以衡，大夫士以咸。
君命毋嘩，以鼓封；大夫命毋哭；士哭者相止也。君松槨，大夫柏槨，
士雜木槨。棺槨之間，君容柷，大夫容壺，士容甒。君里槨虞筐，大
夫不里槨，士不虞筐。

祭法

祭法：有虞氏禘黃帝而郊嚳，祖顓頊而宗堯。夏後氏亦禘黃帝而郊鯀，
祖顓頊而宗禹。殷人禘嚳而郊冥，祖契而宗湯。周人禘嚳而郊稷，祖
文王而宗武王。

燔柴於泰壇，祭天也；瘞埋於泰折，祭地也；用騂犢。埋少牢於泰昭，
祭時也；相近於坎壇，祭寒暑也。王宮，祭日也；夜明，祭月也；幽
宗，祭星也；雩宗，祭水旱也；四坎壇，祭四方也。山林、川穀、丘
陵，能出雲，為風雨，見怪物，皆曰神。有天下者，祭百神。諸侯，
在其地則祭之，亡其地則不祭。

大凡生於天地之間者，皆曰命。其萬物死，皆曰折；人死，曰鬼；此
五代之所不變也。七代之所以更立者，禘、郊、宗、祖，其餘不變也。
天下有王，分地建國，置都立邑，設廟祧壇墠而祭之，乃為親疏多少
之數。是故，王立七廟，一壇一墠。曰考廟，曰王考廟，曰皇考廟，
曰顯考廟，曰祖考廟，皆月祭之。遠廟為祧，有二祧，享嘗乃止。去
祧為壇，去壇為墠。壇墠有禱焉祭之，無禱，乃止。去墠曰鬼。諸侯
立五廟，一壇一墠。曰考廟，曰王考廟，曰皇考廟，皆月祭之；顯考
廟，祖考廟，享嘗乃止。去祖為壇，去壇為墠。壇墠有禱焉祭之，無
禱乃止。去墠為鬼。大夫立三廟二壇。曰考廟，曰王考廟，曰皇考廟，
享嘗乃止。顯考祖考無廟，有禱焉，為壇祭之。去壇為鬼，適士二廟，
一壇。曰考廟，曰王考廟，享嘗乃止。顯考無廟，有禱焉，為壇祭之。

去壇為鬼。官師一廟，曰考廟。王考無廟而祭之，去王考為鬼。庶士庶人無廟，死曰鬼。

王為群姓立社，曰大社。王自為立社，曰王社。諸侯為百姓立社，曰國社。諸侯自為立社，曰侯社。大夫以下，成群立社曰置社。

王為群姓立七祀，曰司命，曰中霤，曰國門，曰國行，曰泰厲，曰戶，曰灶。王自為立七祀。諸侯為國立五祀，曰司命，曰中霤，曰國門，曰國行，曰公厲。諸侯自為立五祀。大夫立三祀，曰族厲，曰門，曰行。適士立二祀，曰門，曰行。庶士，庶人，立一祀，或立戶或立灶。

王下祭殤五：適子適孫適曾孫適玄孫適來孫。諸侯下祭三，大夫下祭二，適士及庶人，祭子而止。

夫聖王之製祭祀也：法施於民，則祀之；以死勤事，則祀之；以勞定國，則祀之；能禦大菑，則祀之；能捍大患，則祀之。是故，厲山氏之有天下也，其子曰農，能殖百穀；夏之衰也，周棄繼之，故祀以為稷。共工氏之霸九州也，其子曰後土，能平九州，故祀之以為社。帝嚳能序星辰以著眾，堯能賞均刑法以義終，舜勤眾事而野死。鯀障洪水而殛死，禹能修鯀之功。黃帝正名百物，以明民共財，顓頊能修之。契為司徒而民成，冥勤其官而水死。湯以寬治民而除其虐，文王以文治，武王以武功去民之災。此皆有功烈於民者也。及夫日月星辰，民所瞻仰也，山林、川穀、丘陵，民所取材用也。非此族也，不在祀典。

祭義

祭不欲數，數則煩，煩則不敬。祭不欲疏，疏則怠，怠則忘。是故，君子合諸天道，春禘秋嘗。霜露既降，君子履之，必有淒愴之心，非其寒之謂也。春，雨露既濡，君子履之，必有怵惕之心，如將見之。樂以迎來，哀以送往，故禘有樂而嘗無樂。

致齊於內，散齊於外。齊之日：思其居處，思其笑語，思其誌意，思其所樂，思其所嗜。齊三日，乃見其所為齊者。

祭之日，入室，僾然必有見乎其位，周還出戶，肅然必有聞其容聲，出戶而聽，愾然必有聞其歎息之聲。是故，先王之孝也，色不忘乎目，聲不絕乎耳，心誌嗜欲不忘乎心。致愛則存，致愨則著。著存不忘乎

心，夫安得不敬乎？

君子生則敬養，死則敬享，思終身弗辱也。君子有終身之喪，忌日之謂也。忌日不用，非不祥也。言夫日，誌有所至，而不敢盡其私也。唯聖人為能饗帝，孝子為能饗親。饗者，鄉也。鄉之，然後能饗焉。是故，孝子臨屍而不怍。君牽牲，夫人奠盎。君獻屍，夫人薦豆。卿大夫相君，命婦相夫人。齊齊乎其敬也，愉愉乎其忠也，勿勿諸其欲其饗之也。

文王之祭也，事死者如事生，思死者如不欲生，忌日必哀，稱諱如見親，祀之忠也。如見親之所愛，如欲色然，其文王與？《詩》雲：「明發不寐，有懷二人。」文王之詩也。祭之明日，明發不寐，饗而致之，又從而思。祭之日，樂與哀半，饗之必樂，已至必哀。

仲尼嘗，奉薦而進，其親也愨，其行也趨趨以數。已祭，子贛問曰：「子之言祭，濟濟漆漆然；今子之祭，無濟濟漆漆何也？」子曰：「濟濟者，容也遠也；漆漆者，容也自反也。容以遠，若容以自反也，夫何神明之及交，夫何濟濟漆漆之有乎？反饋，樂成，薦其薦俎，序其禮樂，備其百官。君子致其濟濟漆漆，夫何慌惚之有乎？夫言，豈一端而已，夫各有所當也。」

孝子將祭，慮事不可以不豫，比時具物，不可以不備，虛中以治之。宮室既修，牆屋既設，百官既備，夫婦齊戒沐浴，盛服奉承而進之，洞洞乎，屬屬乎，如弗勝，如將失之，其孝敬之心至也與！薦其薦俎，序其禮樂，備其百官。奉承而進之，於是諭其誌意，以其恍惚以與神明交，庶或饗之。庶或饗之，孝子之誌也。

孝子之祭也，盡其愨而愨焉，盡其信而信焉，盡其敬而敬焉，盡其禮而不過失焉。進退必敬，如親聽命，則或使之也。孝子之祭，可知也，其立之也，敬以詘；其進之也，敬以愉；其薦之也，敬以欲；退而立，如將受命；已徹而退，敬齊之色不絕於麵。孝子之祭也，立而不詘，固也；進而不愉，疏也；薦而不欲。不愛也；退立而不如受命，敖也；已徹而退，無敬齊之色，而忘本也。如是而祭，失之矣。

孝子之有深愛者，必有和氣；有和氣者，必有愉色；有愉色者，必有婉容。孝子如執玉、如奉盈，洞洞屬屬然，如弗勝，如將失之。嚴威

114

儳佫，非所以事親也，成人之道也。

先王之所以治天下者五：貴有德，貴貴，貴老，敬長，慈幼。此五者，先王之所以定天下也。貴有德，何為也？為其近於道也。貴貴，為其近於君也。貴老，為其近於親也。敬長，為其近於兄也。慈幼，為其近於子也。是故，至孝近乎王，至弟近乎霸。至孝近乎王，雖天子，必有父，至弟近乎霸，雖諸侯，必有兄。先王之教，因而弗改，所以領天下國家也。

子曰：「立愛自親始，教民睦也。立教自長始，教民順也。教以慈睦，而民貴有親；教以敬長，而民貴用命。孝以事親，順以聽命，錯諸天下，無所不行。」

郊之祭也，喪者不敢哭，凶服者不敢入國門，敬之至也。祭之日，君牽牲，穆答君，卿大夫序從。既入廟門，麗於碑，卿大夫袒，而毛牛尚耳，鸞刀以刲，取膟膋，乃退。爓祭，祭腥而退，敬之至也。

郊之祭，大報天而主日，配以月，夏後氏祭其暗，殷人祭其陽，周人祭日，以朝及暗。祭日於壇，祭月於坎，以別幽明，以製上下。祭日於東，祭月於西，以別外內，以端其位。日出於東，月生於西。陰陽長短，終始相巡，以致天下之和。

天下之禮，致反始也，致鬼神也。致和用也，致義也，致讓也。致反始，以厚其本也；致鬼神，以尊上也；致物用，以立民紀也。致義，則上下不悖逆矣。致讓，以去爭也。合此五者，以治天下之禮也，雖有奇邪，而不治者，則微矣。

宰我曰：「吾聞鬼神之名，不知其所謂。」子曰：「氣也者，神之盛也；魂也者，鬼之盛也；合鬼與神，教之至也。眾生必死，死必歸土，此之謂鬼。骨肉斃於下，陰為野土。其氣發揚於上，為昭明，焄蒿，淒愴，此百物之精也，神之著也。因物之精，製為之極，明命鬼神，以為黔首，則百眾以畏，萬民以服。聖人以是為未足也，築為宮室，設為宗祧，以別親疏遠邇，教民反古複始，不忘其所由生也。眾之服自此，故聽且速也。二端既立，報以二禮。建設朝事，燔燎羶薌，見以蕭光，以報氣也。此教眾反始也。薦黍稷，羞肝肺首心，見間以俠甒，加以鬱鬯，以報魄也。教民相愛，上下用情，禮之至也。君子反

古複始，不忘其所由生也，是以 致其敬，發其情，竭力從事，以報其親，不敢弗盡也。是故，昔者，天子為藉千畝，冕而朱紘，躬秉耒；諸侯為藉百畝，冕而青紘，躬秉耒。以事天地山川社稷先古，以為醴酪齊盛，於是乎取之，敬之至也。古者，天子諸侯必有養獸之官，及歲時，齊戒沐浴而躬朝之。犧牷祭牲，必於是取之，敬之至也。君召牛，納而視之，擇其毛而卜之，吉，然後養之。君皮弁素積，朔月，月半，君巡牲，所以致力，孝之至也。古者天子諸侯，必有公桑蠶寶，近川而為之，築宮仞有三尺，棘牆而外閉 之。及大昕之朝，君皮弁素積，卜三宮之夫人世婦之吉者，使入蠶於蠶室，奉種浴於川，桑於公桑，風戾以食之。歲既殫矣，世婦卒蠶，奉繭以示於君，遂獻繭於夫人。夫人曰：'此所以為君服與？'遂副褘而受之，因少牢以禮之。古之獻繭者，其率用此與？及良日，夫人繅，三盆手，遂布於三宮夫人世婦之吉者，使繅。遂朱綠之，玄黃之，以為黼黻文章。服既成，君服以祀先王先公，敬之至也。"

君子曰："禮樂不可斯須去身。致樂以治心，則易直子諒之心油然生矣。易 直子諒之心生則樂，樂則安，安則久，久則天，天則神。天則不言而信，神則不怒而威。致樂以治心者也。致禮以治躬則莊敬，莊敬則嚴威。心中斯須不和不樂，而鄙詐之心入之矣。外貌斯須不莊不敬，而慢易之心入之矣。故樂也者，動於內者也，禮也者，動於外者也。樂極和，禮極順。內和而外順，則民瞻其顏色而不與爭 也，望其容貌，而眾不生慢易焉。故德煇動乎內，而民莫不承聽；理發乎外，而眾莫不承順。故曰：'禮樂之道，而天下塞焉，舉而錯之無難矣。'樂也者，動於內 者也；禮也者，動於外者也。故禮主其減，樂主其盈，禮減而進，以進為文，樂盈而反，以反為文。禮減而不進則銷，樂盈而不反則放。故禮有服而樂有反。禮得其 報則樂，樂得其反則安。禮之報，樂之反，其義一也。"

曾子曰："孝有三，大孝尊親，其次弗辱，其下能養。"公明儀問於曾子："夫子可以為孝乎？"曾子曰："是何言與？是何言與？君子之所為孝者，先意承誌，諭父母於道。參，直養者也！安能為孝乎？"

曾子曰："身也者，父母之遺體也。行父母之遺體，敢不敬乎？居處不莊，非孝也；事君不忠，非孝也；蒞官不敬，非孝也；朋友不信，非孝也；戰陣無勇，非孝也。五者不遂，裁及於親，敢不敬乎？亨孰膻薌，嘗而薦之，非孝也，養也。君子之所謂孝也者，國人稱願，然曰：'幸哉有子！'如此，所謂孝也已。眾之本教曰孝，其行曰養。養，可能也，敬為難；敬，可能也，安為難。安，可能也，卒為難。父母既沒，慎行其身，不遺父母惡名，可謂能終矣。仁者，仁此者也；禮者，履此者也；義者，宜此者也；信者，信此者也；強者，強此者也。樂自順此生，刑自反此作。"

曾子曰："夫孝，置之而塞乎天地，溥之而橫乎四海，施諸後世而無朝夕，推而放諸東海而準，推而放諸西海而準，推而放諸南海而準，推而放諸北海而準。《詩》雲：'自西自東自南自北，無思不服。'此之謂也。

曾子曰："樹木以時伐焉，禽獸以時殺焉。夫子曰：'斷一樹，殺一獸，不以其時，非孝也。'孝有三：小孝用力，中孝用勞，大孝不匱。思慈愛忘勞，可謂用力矣。尊仁安義，可謂用勞矣。博施備物，可謂不匱矣。父母愛之，嘉而弗忘；父母惡之，懼而無怨。父母有過，諫而不逆；父母既沒，必求仁者之粟以祀之。此之謂禮終。"

樂正子春下堂而傷其足，數月不出，猶有憂色。門弟子曰："夫子之足瘳矣，數月不出，猶有憂色，何也？樂正子春曰："善如爾之問也！善如爾之問也！吾聞諸曾子，曾子聞諸夫子曰：'天之所生，地之所養，無人為大。父母全而生之，子全而歸之，可謂孝矣。不虧其體，不辱其身，可謂全矣。故君子頃步而弗敢忘孝也。'今予忘孝之道，是以有憂色也。一舉足而不敢忘父母，一出言而不敢忘父母。一舉足而不敢忘父母，是故道而不徑，舟而不遊，不敢以先父母之遺體行殆。一出言而不敢忘父母，是故惡言不出於口，忿言不反於身，不辱其身，不羞其親，可謂孝矣。"

昔者，有虞氏貴德而尚齒，夏後氏貴爵而尚齒，殷人貴富而尚齒，周人貴親而尚齒。虞夏殷周，天下之盛王也，未有遺年者。年之貴乎天下，久矣，次乎事親也。是故，朝廷同爵則尚齒。七十杖於朝，君問

則席。八十不俟朝。君問則就之。而弟達乎朝廷矣。行，肩而不並，不錯則隨。見老者則車徒辟，斑白者不以其任行乎道路，而弟達乎道路矣。居鄉以齒，而老窮不遺，強不犯弱，眾不暴寡，而弟達乎州巷矣。古之道，五十不為甸徒，頒禽隆諸長者，而弟達乎獀狩矣。軍旅什伍，同爵則尚齒，而弟達乎軍旅矣，孝弟發諸朝廷，行乎道路，至乎州巷，放乎獀狩，修乎軍旅，眾以義死之，而弗敢犯也。

祀乎明堂，所以教諸侯之孝也。食三老五更於大學，所以教諸侯之弟也。祀先賢於西學，所以教諸侯之德也；耕藉，所以教諸侯之養也；朝覲，所以教諸侯之臣也。五者，天下之大教也。

食三老五更於大學，天子袒而割牲，執醬而饋，執爵而酳，冕而總幹，所以教諸侯之弟也。是故，鄉裏有齒，而老窮不遺，強不犯弱，眾不暴寡，此由大學來者也。

天子設四學，當入學，而大子齒。天子巡守，諸侯待於竟。天子先見百年者。八十九十者東行，西行者弗敢過，西行東行者弗敢過。欲言政者，君就之可也。

一命齒於鄉裏，再命齒於族，三命不齒；族有七十者，弗敢先。七十者，不有大故不入朝。若有大故而入，君必與之揖讓，而後及爵者。

天子有善，讓德於天；諸侯有善，歸諸天子；卿大夫有善，薦於諸侯；士庶人有善，本諸父母，存諸長老，祿爵慶賞，成諸宗廟，所以示順也。昔者，聖人建陰陽 天地之情，立以為易。易抱龜南麵，天子卷冕北麵，雖有明知之心，必進斷其誌焉。示不敢專，以尊天也。善則稱人，過則稱己。教不伐以尊賢也。

孝子將祭祀，必有齊莊之心以慮事，以具服物，以修宮室，以治百事。及祭之日，顏色必溫，行必恐，如懼不及愛然。其奠之也，容貌必溫，身必詘，如語焉而未之 然。宿者皆出，其立卑靜以正，如將弗見然。及祭之後，陶陶遂遂，如將複入然。是故，愨善不違身，耳目不違心，思慮不違親。結諸心，形諸色，而術省之。孝子之誌也。

建國之神位，右社稷，而左宗廟。

祭統

凡治人之道，莫急於禮。禮有五經，莫重於祭。夫祭者，非物自外至者也，自中出生於心也，心怵而奉之以禮。是故，唯賢者能盡祭之義。賢者之祭也，必受其福。非世所謂福也。福者，備也。備者，百順之名也。無所不順者，謂之備。言內盡於己，而外順於道也。忠臣以事其君，孝子以事其親，其本一也。上則順於鬼神，外則順於君長，內則以孝於親。如此之謂備。唯賢者能備，能備然後能祭。是故，賢者之祭也，致其誠信與其忠敬，奉之以物，道之以禮，安之以樂，參之以時。明薦之而已矣，不求其為。此孝子之心也。

祭者，所以追養繼孝也。孝者畜也。順於道不逆於倫，是之謂畜。是故，孝子之事親也，有三道焉：生則養，沒則喪，喪畢則祭。養則觀其順也，喪則觀其哀也，祭則觀其敬而時也。盡此三道者，孝子之行也。

既內自盡，又外求助，昏禮是也。故國君取夫人之辭曰："請君之玉女，與寡人共有敝邑，事宗廟社稷"。此求助之本也。夫祭也者，必夫婦親之，所以備外內之官也。官備則具備。水草之菹，陸產之醢，小物備矣；三牲之俎，八簋之實，美物備矣；昆蟲之異，草木之實，陰陽之物備矣。凡天之所生，地之所長，苟可薦者，莫不鹹在，示盡物也。外則盡物，內則盡誌，此祭之心也。是故，天子親耕於南郊，以共齊盛；王後蠶於北郊；以共純服。諸侯耕於東郊，亦以共齊盛；夫人蠶於北郊，以共冕服。天子諸侯非莫耕也，王後夫人非莫蠶也，身致其誠信。誠信之謂盡，盡之謂敬，敬盡然後可以事神明，此祭之道也。

及時將祭，君子乃齊。齊之為言齊也，齊不齊以致齊者也。是以君子非有大事也，非有恭敬也，則不齊。不齊則於物無防也，嗜欲無止也。及其將齊也，防其邪物，訖其嗜欲，耳不聽樂。故《記》曰："齊者不樂。"言不敢散其誌也。心不苟慮，必依於道；手足不苟動，必依於禮。是故君子之齊也，專致其精明之德也。故散齊七日以定之，致齊三日以齊之。定之之謂齊。齊者精明之至也，然後可以交於神明也。是故，先期旬有一日，宮宰宿夫人，夫人亦散齊七日，致齊三日。君

致齊於外，夫人致齊於內，然後會於大廟。君純冕立於阼，夫人副褘立於東房。君執圭瓚祼尸，大宗執璋瓚亞祼。及迎牲，君執紖，卿大夫從，士執芻。宗婦執盎從夫人薦涗水。君執鸞刀羞嚌，夫人薦豆，此之謂夫婦親之。

及入舞，君執干戚就舞位，君為東上，冕而總干，率其群臣，以樂皇尸。是故天子之祭也，與天下樂之；諸侯祭也，與竟內樂之。冕而總干，率其群臣，以樂皇尸，此與竟內樂之之義也。

夫祭有三重焉：獻之屬，莫重於祼，聲莫重於升歌，舞莫重於武宿夜，此周道也。凡三道者，所以假於外而以增君子之誌也。故與誌進退，誌輕則亦輕，誌重則亦重。輕其誌而求外之重也，雖聖人弗能得也。是故君子之祭也，必身自盡也，所以明重也。道之以禮，以奉三重，而薦諸皇尸，此聖人之道也。

夫祭有餕，餕者，祭之末也，不可不知也。是故，古之人有言曰：“善終者如始。”餕其是已。是故，古之君子曰：“尸亦餕鬼神之餘也，惠術也，可以觀政矣。”是故，尸謖，君與卿四人餕。君起，大夫六人餕。臣餕君之餘也。大夫起，士八人餕。賤餕貴之餘也。士起，各執其具以出，陳於堂下，百官進，徹之，下餕上之餘也。凡餕之道，每變以眾，所以別貴賤之等，而興施惠之象也。是故以四簋黍見其修於廟中也，廟中者，竟內之象也。祭者，澤之大者也。是故，上有大澤，則惠必及下，顧上先下後耳，非上積重而下有凍餒之民也。是故上有大澤，則民夫人待於下流，知惠之必將至也，由餕見之矣。故曰：“可以觀政矣。”

夫祭之為物大矣，其興物備矣，順以備者也，其教之本與？是故，君子之教也，外則教之以尊其君長，內則教之以孝於其親。是故，明君在上，則諸臣服從，崇事宗廟社稷，則子孫順孝。盡其道，端其義，而教生焉。是故君子之事君也，必身行之，所不安於上，則不以使下；所惡於下，則不以事上；非諸人，行諸己，非教之道也。是故君子之教也，必由其本，順之至也，祭其是與？故曰：“祭者，孝之本也已。”

夫祭有十倫焉：見事鬼神之道焉，見君臣之義焉，見父子之倫焉，見

貴賤之等焉，見親疏之殺焉，見爵賞之施焉，見夫婦之別焉，見政事之均焉，見長幼之序焉，見上下之際焉。此之謂十倫。鋪筵設同幾，為依神也。詔祝於室，而出於祊，此交神明之道也。君迎牲而不迎尸，別嫌也。尸在廟門外則疑於臣，在廟中則全於君；君在廟門外則疑於君，入廟門則全於臣，全於子。是故，不出者，明君臣之義也。夫祭之道，孫為王父尸。所使為尸者，於祭者子行也。父北麵而事之，所以明子事父之道也。此父子之倫也。尸飲五，君洗玉爵獻卿；尸飲七，以瑤爵獻大夫；尸飲九，以散爵獻士及群有司。皆以齒，明尊卑之等也。夫祭有昭穆，昭穆者，所以別父子遠近長幼親疏之序而無亂也。是故，有事於大廟，則群昭群穆鹹在而不失其倫。此之謂親疏之殺也。古者，明君，爵有德而祿有功，必賜爵祿於大廟，示不敢專也。故祭之日，一獻，君降立阼階之南，南鄉，所命北麵，史由君右執策命之。再拜稽首，受書以歸，而舍奠於其廟。此爵賞之施也。君卷冕立於阼，夫人副褘立於東房。夫人薦豆執校，執醴授之執鐙。尸酢夫人執柄，夫人授尸執足。夫婦相授受，不相襲處，酢必易爵。明夫婦之別也。凡為俎者，以骨為主。骨有貴賤，殷人貴髀，周人貴肩，凡前貴於後。俎者，所以明祭之必有惠也。是故，貴者取貴骨，賤者取賤骨；貴者不重，賤者不虛，示均也。惠均則政行，政行則事成，事成則功立。功之所以立者，不可不知也。俎者，所以明惠之必均也。善為政者如此。故曰見政事之均焉。凡賜爵，昭為一，穆為一。昭與昭齒，穆與穆齒，凡群有司皆以齒。此之謂長幼有序。夫祭有畀煇胞翟閽者，惠下之道也。唯有德之君為能行此，明足以見之，仁足以與之。畀之為言與也，能以其餘畀其下者也。煇者，甲吏之賤也；胞者，肉吏之賤者也；翟者，樂吏之賤者也；閽者，守門之賤者也。古者不使刑人守門，此四守者，吏之至賤者也。尸又至尊，以至尊既祭之末，而不忘至賤，而以其餘畀之。是故，明君在上，則竟內之民無凍餒者矣，此之謂上下之際。

凡祭有四時：春祭曰礿，夏祭曰禘，秋祭曰嘗，冬祭曰烝。礿禘，陽義也；嘗烝，陰義也。禘者，陽之盛也，嘗者，陰之盛也。故曰"莫重於禘嘗"。古者於禘也，發爵賜服，順陽義也；於嘗也，出田邑，

發秋政，順陰義也。故《記》曰："嘗之日，發公室，示賞也。"草艾則墨，未發秋政，則民弗敢草也。

故曰：禘嘗之義大矣。治國之本也，不可不知也。明其義者，君也；能其事者，臣也。不明其義，君人不全；不能其事，為臣不全。夫義者，所以濟誌也，諸德之發也。是故，其德盛者，其誌厚。其誌厚者，其義章。其義章者，其祭也敬。祭敬，則竟內之子孫莫不敬矣。是故，君子之祭也，必身親蒞之，有故則使人可也。雖使人也，君不失其義者，君明其義故也。其德薄者，其誌輕，疑於其義，而求祭，使之必敬也，弗可得已。祭而不敬，何以為民父母矣。

夫鼎有銘，銘者，自名也。自名，以稱揚其先祖之美，而明著之後世者也。為先祖者，莫不有美焉，莫不有惡焉，銘之義，稱美而不稱惡。此孝子孝孫之心也。唯賢者能之。銘者，論譔其先祖之有德善，功烈勳勞慶賞聲名，列於天下，而酌之祭器，自成其名焉，以祀其先祖者也。顯揚先祖，所以崇孝也。身比焉，順也，明示後世，教也。夫銘者，一稱而上下皆得焉耳矣。是故，君子之觀於銘也，既美其所稱，又美其所為。為之者，明足以見之，仁足以與之，知足以利之，可謂賢矣。賢而勿伐，可謂恭矣。

故衛孔悝之鼎銘曰："六月丁亥，公假於大廟。公曰：'叔舅！乃祖莊叔，左右成公。成公乃命莊叔，隨難於漢陽，即宮於宗周，奔走無射。啟右獻公。獻公乃命成叔，纂乃祖服。乃考文叔，興舊耆欲，作率慶士，躬恤衛國，其勤公家，夙夜不解，民鹹曰休哉！'公曰：'叔舅！予女銘，若纂乃考服。'悝拜稽首曰：'對揚以辟之，勤大命施於烝彝鼎。'"此衛孔悝之鼎銘也。古之君子，論譔其先祖之美，而明著之後世者也。以比其身，以重其國家，如此。子孫之守宗廟社稷者，其先祖無美而稱之，是誣也；有善而弗知，不明也；知而弗傳，不仁也。此三者，君子之所恥也。

昔者，周公旦有勳勞於天下。周公既沒，成王康王追念周公之所以勳勞者，而欲尊魯，故賜之以重祭。外祭則郊社是也，內祭則大嘗禘是也。夫大嘗禘，升歌《清廟》，下而管《象》，朱幹玉戚，以舞《大武》，八佾，以舞《大夏》，此天子之樂也。康周公，故以賜魯也。

子孫纂之，至於今不廢，所以明周公之德而又以重其國也。

經解

孔子曰：入其國，其教可知也。其為人也溫柔敦厚，《詩》教也；疏通知遠，《書》教也；廣博易良，《樂》教也；絜靜精微，《易》教也；恭儉莊敬，《禮》教也；屬辭比事，《春秋》教也。故《詩》之失，愚；《書》之失，誣；《樂》之失，奢；《易》之失，賊；《禮》之失，煩；《春秋》之失，亂。其為人也，溫柔敦厚而不愚，則深於《詩》者也。疏通知遠而不誣，則深於《書》者也。廣博易良而不奢，則深於《樂》者也。絜靜精微而不賊，則深於《易》者也。恭儉莊敬而不煩，則深於《禮》者也。屬辭比事而不亂，則深於《春秋》者也。

天子者，與天地參，故德配天地，兼利萬物，與日月並明，明照四海而不遺微小。其在朝廷則道仁聖禮義之序，燕處則聽雅頌之音，行步則有環佩之聲，升車，則有鸞和之音。居處有禮，進退有度，百官得其宜，萬事得其序。詩雲："淑人君子，其儀不忒。其儀不忒，正是四國。"此之謂也。發號出令而民說，謂之和。上下相親，謂之仁。民不求所欲而得之，謂之信。除去天地之害，謂之義。義與信，和與仁。霸王之器也。有治民之意而無其器，則不成。

禮之於正國也，猶衡之於輕重也，繩墨之於曲直也，規矩之於方圓也。故衡誠縣，不可欺以輕重；繩墨誠陳，不可欺以曲直；規矩誠設，不可欺以方圓；君子審禮，不可誣以奸詐。是故，隆禮由禮，謂之有方之士；不隆禮不由禮，謂之無方之民。敬讓之道也。故以奉宗廟則敬，以入朝廷則貴賤有位，以處室家則父子親兄弟和，以處鄉裏則長幼有序。孔子曰："安上治民，莫善於禮。"此之謂也。

故朝覲之禮，所以明君臣之義也。聘問之禮，所以使諸侯相尊敬也。喪祭之禮，所以明臣子之恩也。鄉飲酒之禮，所以明長幼之序也。昏姻之禮，所以明男女之別也。夫禮，禁亂之所由生，猶坊止水之所自來也。故以舊坊為無所用而壞之者，必有水敗；以舊禮為無所用而去之者，必有亂患。故昏姻之禮廢，則夫婦之道苦，而淫辟之罪多矣。

鄉飲酒之禮廢，則長幼之序失，而爭鬥之獄繁矣。喪祭之禮廢，則臣子之恩薄，而倍死忘生者眾矣。聘覲之禮廢，則君臣之位失，諸侯之行惡，而倍畔侵陵之敗起矣。

故禮之教化也微，其止邪也於未形。使人日徙善遠罪而不自知也，是以先王隆之也。易曰：「君子慎始，差若豪厘，繆以千裏。」此之謂也。

哀公問

哀公問於孔子曰：「大禮何如？君子之言禮，何其尊也？」孔子曰：「丘也小人也，不足以知禮。」君曰：「否！吾子言之也。」孔子曰：「丘聞之，民之所由生，禮為大。非禮無以節事天地之神也，非禮無以辨君臣上下長幼之位也，非禮無以別男女父子兄弟之親，昏姻疏數之交也。君子以此之為尊敬然。然後以其所能教百姓，不廢其會節。有成事，然後治其雕鏤文章黼黻以嗣。其順之也。然後言其喪算，備其鼎俎，設其豕臘，修其宗廟，歲時以敬祭祀，以序宗族。即安其居，節醜其衣服，卑其宮室，車不雕幾，器不刻鏤，食不貳味，以與民同利。昔之君子之行禮者如此。」

公曰：「今之君子，胡莫行之也？」孔子曰：「今之君子，好實無厭，淫德不倦。荒怠敖慢，固民是盡，午其眾以伐有道；求得當欲，不以其所。昔之用民者由前，今之用民者由後。今之君子，莫為禮也。」

孔子侍坐於哀公，哀公曰：「敢問人道誰為大。」孔子愀然作色而對曰：「君之及此言也，百姓之德也！固臣敢無辭而對？人道，政為大。」公曰：「敢問何謂為政？」孔子對曰：「政者正也。君為正，則百姓從政矣。君之所為，百姓之所從也。君所不為，百姓何從？」

公曰：「敢問為政如之何？」孔子對曰：「夫婦別，父子親，君臣嚴。三者正，則庶物從之矣。」公曰：「寡人雖無似也，願聞所以行三言之道，可得聞乎？」孔子對曰：「古之為政，愛人為大。所以治愛人，禮為大。所以治禮，敬為大。敬之至矣，大昏為大。大昏至矣！大昏既至，冕而親迎，親人也。親之也者，親之也。是故，君子興敬為親，舍敬，是遺親也。弗愛不親；弗敬不正。愛與敬，其政之本與？」

公曰：“寡人願有言然。冕而親迎，不已重乎？”孔子愀然作色而對曰：“合二姓之好，以繼先聖之後，以為天地宗廟社稷之主，君何謂已重乎？”公曰：“寡人固！不固，焉得聞此言也。寡人欲問，不得其辭，請少進！”孔子曰：“天地不合，萬物不生。大昏，萬世之嗣也，君何謂已重焉！”孔子遂言曰：“內以治宗廟之禮，足以配天地之神明；出以治直言之禮，足以立上下之敬。物恥，足以振之；國恥，足以興之。為政先禮，禮，其政之本與？”孔子遂言曰：“昔三代明王之政，必敬其妻子也，有道。妻也者，親之主也，敢不敬與？子也者，親之後也，敢不敬與？君子無不敬也，敬身為大。身也者，親之枝也，敢不敬與？不能敬其身，是傷其親；傷其親，是傷其本；傷其本，枝從而亡。三者，百姓之象也。身以及身，子以及子，妃以及妃，君行此三者，則愾乎天下矣，大王之道也。如此，則國家順矣。”

公曰：“敢問何謂敬身？”孔子對曰：“君子過言，則民作辭；過動，則民作則。君子言不過辭，動不過則，百姓不命而敬恭。如是，則能敬其身；能敬其身，則能成其親矣。”公曰：“敢問何謂成親？”孔子對曰：“君子也者，人之成名也。百姓歸之名，謂之君子之子。是使其親為君子也，是為成親之名也已。”孔子遂言曰：“古之為政，愛人為大。不能愛人，不能有其身；不能有其身，不能安土；不能安土，不能樂天；不能樂天，不能成其身。”

公曰：“敢問何謂成身？”孔子對曰：“不過乎物。”公曰：“敢問君子何貴乎天道也？”孔子對曰：“貴其不已。如日月東西相從而不已也，是天道也；不閉其久，是天道也；無為而物成，是天道也；已成而明，是天道也。”公曰：“寡人惷心，愚冥煩子誌之心也。”孔子蹴然辟席而對曰：“仁人不過乎物，孝子不過乎物。是故，仁人之事親也如事天，事天如事親，是故孝子成身。”公曰：“寡人既聞此言也，無如後罪何！”孔子對曰：“君之及此言也，是臣之福也。”

仲尼燕居

仲尼燕居，子張子貢子遊侍，縱言至於禮。子曰：“居？女三人者，吾語女禮，使女以禮周流，無不遍也。”子貢越席而對曰：“敢問何

125

如？"子曰："敬而不中禮，謂之野；恭而不中禮，謂之給；勇而不中禮，謂之逆。"子曰："給奪慈仁。"子曰："師，爾過；而商也，不及。子產猶眾人之母也，能食之不能教也。"子貢越席而對曰："敢問將何以為此中者也？"子曰："禮乎禮！夫禮所以製中也。"子貢退，言遊進曰："敢問禮也者，領惡而全好者與？"子曰："然。""然則何如？"子曰："郊社之義，所以仁鬼神也；嘗禘之禮，所以仁昭穆也；饋奠之禮，所以仁死喪也；射鄉之禮，所以仁鄉黨也；食饗之禮，所以仁賓客也。"子曰："明乎郊社之義，嘗禘之禮，治國其如指諸掌而已乎！是故，以之居處有禮，故長幼辨也；以之閨門之內有禮，故三族和也；以之朝廷有禮，故官爵序也；以之田獵有禮，故戎事閑也；以之軍旅有禮，故武功成也。是故，宮室得其度，量鼎得其象，味得其時，樂得其節，車得其式，鬼神得其饗，喪紀得其哀，辨說得其黨，官得其體，政事得其施。加於身而錯於前，凡眾之動得其宜。"

子曰："禮者何也？即事之治也。君子有其事，必有其治。治國而無禮，譬猶瞽之無相與？倀倀乎其何之？譬如終夜有求於幽室之中，非燭何見？若無禮則手足無所錯，耳目無所加，進退揖讓無所製。是故，以之居處，長幼失其別，閨門三族失其和，朝廷官爵失其序，田獵戎事失其策，軍旅武功失其製，宮室失其度，量鼎失其象，味失其時，樂失其節，車失其式，鬼神失其饗，喪紀失其哀，辨說失其黨，官失其體，政事失其施；加於身而錯於前，凡眾之動，失其宜。如此，則無以祖洽於眾也。"

子曰："慎聽之！女三人者，吾語女，禮猶有九焉。大饗有四焉。苟知此矣，雖在畎畝之中事之，聖人已。兩君相見；揖讓而入門，入門而縣興，揖讓而升堂，升堂而樂闋。下管《象》、《武》、《夏》籥序興。陳其薦俎，序其禮樂，備其百官。如此，而後君子知仁焉。行中規，還中矩，和鸞中《采齊》，客出以《雍》，徹以《振羽》。是故，君子無物而不在禮矣。入門而金作，示情也；升歌《清廟》，示德也；下而管《象》，示事也。是故，古之君子，不必親相與言也，以禮樂相示而已。"

子曰："禮也者，理也。樂也者，節也。君子無理不動，無節不作。不能詩，於禮繆；不能樂，於禮素；薄於德，於禮虛。"子曰："製度在禮，文為在禮；行之，其在人乎？"子貢越席而對曰："敢問夔其窮與？"子曰："古之人與？古之人也。達於禮而不達於樂，謂之素；達於樂而不達於禮，謂之偏。夫夔，達於樂而不達於禮，是以傳於此名也，古之人也。"

子張問政，子曰："師乎！前，吾語女乎？君子明於禮樂，舉而錯之而已。"子張複問。子曰："師爾以為必鋪幾筵，升降酌獻酬酢，然後謂之禮乎？爾以為必行綴兆，興羽籥，作鍾鼓，然後謂之樂乎？言而履之，禮也。行而樂之，樂也。君子力此二者以南麵而立，夫是以天下太平也。諸侯朝，萬物服體，而百官莫敢不承事矣。禮之所興，眾之所治也；禮之所廢，眾之所亂也。目巧之室，則有奧阼，席則有上下，車則有左右，行則有隨，立則有序，古之義也。室而無奧阼，則亂於堂室也。席而無上下，則亂於席上也。車而無左右，則亂於車也。行而無隨，則亂於途也。立而無序，則亂於位也。昔聖帝明王諸侯，辨貴賤長幼 遠近男女外內，莫敢相逾越，皆由此途出也。"三子者，既得聞此言也於夫子，昭然若發蒙矣。

孔子閒居

孔子閑居，子夏侍。子夏曰："敢問《詩》云'凱弟君子，民之父母'何如斯可謂民之父母矣？"孔子曰："夫民之父母乎！必達於禮樂之原，以致五至，而行三無，以橫於天下，四方有敗，必先知之。此之謂民之父母矣。"

子夏曰："民之父母，既得而聞之矣，敢問何謂五至？"孔子曰："誌之所至，詩亦至焉。詩之所至，禮亦至焉。禮之所至，樂亦至焉。樂之所至，哀亦至焉。哀樂相生。是故，正明目而視之，不可得而見也；傾耳而聽之，不可得而聞也；誌氣塞乎天地，此之謂五至。"

子夏曰："五至既得而聞之矣，敢問何謂三無？"孔子曰："無聲之樂，無體之禮，無服之喪，此之謂三無。"子夏曰："三無既得略而聞之矣，敢問何詩近之？"孔子曰："'夙夜其命宥密'，無聲之樂

也。'威儀逮逮，不可選也'，無體之禮也。'凡民有喪，匍匐救
之'，無服之喪也。"

子夏曰："言則大矣！美矣！盛矣！言盡於此而已乎？"孔子曰：
"何為其然也！君子之服之也，猶有五起焉。"子夏曰："何如？"
子曰："無聲之樂，氣誌不違；無體之禮，威儀遲遲；無服之喪，內
恕孔悲。無聲之樂，氣誌既得；無體之禮，威儀翼翼；無服之喪，施
及四國。無聲之樂，氣誌既從；無體之禮，上下和同；無服之喪，以
畜萬邦。無聲之樂，日聞四方；無體之禮，日就月將；無服之喪，純
德孔明。無聲之樂，氣誌既起；無體之禮，施及四海；無服之喪，施
於孫子。"

子夏曰："三王之德，參於天地，敢問：何如斯可謂參於天地矣？"
孔子曰："奉三無私以勞天下。"子夏曰："敢問何謂三無私？"孔
子曰："天無私覆，地無私載，日月無私照。奉斯三者以勞天下，此
之謂三無私。其在《詩》，曰：'帝命不違，至於湯齊。湯降不遲，
聖敬日齊。昭假遲遲，上帝是祇。帝命式於九圍。'；是湯之德也。
天有四時，春秋冬夏，風雨霜露，無非教也。地載神氣，神氣風霆，
風霆流形，庶物露生，無非教也。清明在躬，氣誌如神，嗜欲將至，
有開必先。開降時雨，山川出雲。其在詩曰："嵩高唯嶽，峻極於天。
惟嶽降神，生甫及申。惟申及甫，惟周之翰。四國於蕃，四方於宣"。
此文武之德也。三代之王也，必先令聞，《詩》云：'明明天子，令
聞不已'。三代之德也。'弛其文德，協此四國'。大王之德也。"
子夏蹶然而起，負牆而立，曰："弟子敢不承乎？"

坊記

子言之："君子之道，辟則坊與？坊民之所不足者也。大為之坊，民
猶逾之。故君子禮以坊德，刑以坊淫，命以坊欲。"

子云："小人貧斯約，富斯驕；約斯盜，驕斯亂。禮者，因人之情而
為之節文，以為民坊者也。故聖人之製富貴也，使民富不足以驕，貧
不至於約，貴不慊於上，故亂益亡。"

子云："貧而好樂，富而好禮，眾而以寧者，天下其幾矣。《詩》云：

128

民之貪亂，寧為荼毒。故製國不過千乘，都城不過百雉，家富不過百乘。以此坊民。諸侯猶有畔者。」

子云：「夫禮者，所以章疑別微，以為民坊者也。故貴賤有等，衣服有別，朝廷有位，則民有所讓。」

子云：「天無二日，土無二王，家無二主，尊無二上，示民有君臣之別也。《春秋》不稱楚越之王喪，禮君不稱天，大夫不稱君，恐民之惑也。《詩》云：『相彼盍旦，尚猶患之。』」

子云：「君不與同姓同車，與異姓同車不同服，示民不嫌也。以此坊民，民猶得同姓以弒其君。」

子云：「君子辭貴不辭賤，辭富不辭貧，則亂益亡。故君子與其使食浮於人也，寧使人浮於食。」

子云：「觴酒豆肉讓而受惡，民猶犯齒；衽席之上讓而坐下，民猶犯貴；朝廷之位讓而就賤，民猶犯君。《詩》云：『民之無良，相怨一方；受爵不讓，至於己斯亡。』」

子云：「君子貴人而賤己，先人而後己，則民作讓。故稱人之君曰君，自稱其君曰寡君。」

子云：「利祿，先死者而後生者，則民不偝；先亡者而後存者，則民可以托。《詩》云：『先君之思，以畜寡人』。以此坊民，民猶偝死而號無告。」

子云：「有國家者，貴人而賤祿，則民興讓；尚技而賤車，則民興藝。故君子約言，小人先言。」

子云：「上酌民言，則下天上施；上不酌民言，則犯也；下不天上施，則亂也。故君子信讓以涖百姓，則民之報禮重。《詩》云：『先民有言，詢於芻蕘。』」

子云：「善則稱人，過則稱己，則民不爭；善則稱人，過則稱己，則怨益亡。《詩》云：『爾卜爾筮，履無咎言。』」

子云：「善則稱人，過則稱己，則民讓善，詩云：『考卜惟王，度是鎬京，惟龜正之，武王成之。』」

子云：「善則稱君，過則稱己，則民作忠。《君陳》曰：『爾有嘉謀嘉猷，入告爾於內，女乃順之於外，曰："此謀此猷，惟我君之

德。”於乎！是惟良顯哉！’”

子云：“善則稱親，過則稱己，則民作孝。《大誓》曰：‘予克紂，非予武，惟朕文考無罪；紂克予，非朕文考有罪，惟予小子無良。’”

子云：“君子弛其親之過，而敬其美。《論語》曰：‘三年無改於父之道，可謂孝矣。’高宗云：‘三年其惟不言，言乃歡。’”

子云：“從命不忿，微諫不倦，勞而不怨，可謂孝矣。《詩》云：‘孝子不匱。’”

子云：“睦於父母之黨，可謂孝矣。故君子因睦以合族。《詩》云：‘此令兄弟，綽綽有裕；不令兄弟，交相為瘉。’”子云：“於父之執，可以乘其車，不可以衣其衣。君子廣孝也。”

子云：“小人皆能養其親；君子不敬，何以辨？”

子云：“父子不同位，以厚敬也。《書》云：‘厥辟不辟，忝厥祖。’”

子云：“父母在，不稱老，言孝不言慈；閨門之內，戲而不歎。君子以此坊民，民猶薄於孝而厚於慈。”子云：“長民者，朝廷敬老，則民作孝。”

子云：“祭祀之有屍也，宗廟之有主也，示民有事也。修宗廟，敬祀事，教民追孝也。以此坊民，民猶忘其親。”

子云：“敬則用祭器。故君子不以菲廢禮，不以美沒禮。故食禮，主人親饋，則客祭，主人不親饋，則客不祭。故君子苟無禮，雖美不食焉。《易》曰：‘東鄰殺牛，不如西鄰之禴祭，實受其福。’《詩》云：‘既醉以酒，既飽以德。’以此示民，民猶爭利而忘義。”

子云：“七日戒，三日齊，承一人焉以為屍，過之者趨走，以教敬也。醴酒在室，醍酒在堂，澄酒在下，示民不淫也。屍飲三，眾賓飲一，示民有上下也。因其酒肉，聚其宗族，以教民睦也。故堂上觀乎室，堂下觀乎上。《詩》云：‘禮儀卒度，笑語卒獲。’”

子云：“賓禮每進以讓，喪禮每加以遠。浴於中霤，飯於牖下，小斂於戶內，大斂於阼，殯於客位，祖於庭，葬於墓，所以示遠也。殷人吊於壙，周人吊於家，示民不偝也。”子云：“死，民之卒事也，吾

從周。以此坊民，諸侯猶有薨而不葬者。”

子云：“升自客階，受弔於賓位，教民追孝也。未沒喪不稱君，示民不爭也。故魯《春秋》記晉喪曰：‘殺其君之子奚齊及其君卓。’以此坊民，子猶有弒其父者。”

子云：“孝以事君，弟以事長，示民不貳也。故君子有君不謀仕，唯卜之日稱二君。喪父三年，喪君三年，示民不疑也。父母在，不敢有其身，不敢私其財，示民有上下也。故天子四海之內無客禮，莫敢為主焉。故君適其臣，升自阼階，即位於堂，示民不敢有其室也。父母在，饋獻不及車馬，示民不敢專也。以此坊民，民猶忘其親而貳其君。”

子云：“禮之先幣帛也，欲民之先事而後祿也。先財而後禮，則民利；無辭而行情，則民爭。故君子於有饋者，弗能見則不視其饋。《易》曰：‘不耕獲，不菑畬，凶。’以此坊民，民猶貴祿而賤行。”

子云：“君子不盡利以遺民。《詩》云：‘彼有遺秉，此有不斂穧，伊寡婦之利。’故君子仕則不稼，田則不漁，食時不力珍。大夫不坐羊，士不坐犬。《詩》云：‘采葑采菲，無以下體，德音莫違，及爾同死。’以此坊民，民猶忘義而爭利，以亡其身。”

子云：“夫禮，坊民所淫，章民之別，使民無嫌，以為民紀者也。故男女無媒不交，無幣不相見，恐男女之無別也。以此坊民，民猶有自獻其身。《詩》云：‘伐柯如之何？匪斧不克；取妻如之何？匪媒不得；蓺麻如之何？橫縱其畝；取妻如之何？必告父母。’”

子云：“取妻不取同姓，以厚別也。故買妾不知其姓，則卜之。以此坊民，魯《春秋》猶去夫人之姓曰吳，其死曰孟子卒。”

子云：“禮，非祭，男女不交爵，以此坊民，陽侯猶殺繆侯而竊其夫人。故大饗廢夫人之禮。”

子云：“寡婦之子，不有見焉，則弗友也，君子以辟遠也。故朋友之交，主人不在，不有大故，則不入其門。以此坊民，民猶以色厚於德。”

子云：“好德如好色。諸侯不下漁色。故君子遠色以為民紀。男女授受不親。禦婦人則進左手。姑姊妹女子，子已嫁而反，男子不與同席

而坐。寡婦不夜哭。婦人疾，問之，不問其疾。以此坊民，民猶淫泆而亂於族。」

子云：「昏禮，婿親迎，見於舅姑，舅姑承子以授婿，恐事之違也。以此坊民，婦猶有不至者。」

中庸

天命之謂性；率性之謂道；修道之謂教。道也者，不可須臾離也；可離，非道也。是故君子戒慎乎其所不睹，恐懼乎其所不聞。莫見乎隱，莫顯乎微。故君子慎其獨也。喜怒哀樂之未發，謂之中。發而皆中節，謂之和。中也者，天下之大本也。和也者，天下之達道也。致中和，天地位焉，萬物育焉。

仲尼曰：「君子中庸；小人反中庸。君子之中庸也，君子而時中。小人之反中庸也，小人而無忌憚也。」

子曰：「中庸其至矣乎！民鮮能久矣。」

子曰：「道之不行也，我知之矣：知者過之；愚者不及也。道之不明也，我知之矣：賢者過之；不肖者不及也。人莫不飲食也。鮮能知味也。」

子曰：「道其不行矣夫。」

子曰：「舜其大知也與！舜好問以好察邇言。隱惡而揚善。執其兩端，用其中於民。其斯以為舜乎！」

子曰：「人皆曰：『予知』，驅而納諸罟擭陷阱之中，而莫之知辟也。人皆曰：『予知』，擇乎中庸，而不能期月守也。」

子曰，「回之為人也：擇乎中庸，得一善，則拳拳服膺，而弗失之矣。」

子曰，「天下國家，可均也；爵祿，可辭也；白刃，可蹈也；中庸不可能也。」

子路問強。子曰，「南方之強與，北方之強與，抑而強與？寬柔以教，不報無道，南方之強也。君子居之。衽金革，死而不厭，北方之強也。而強者居之。故君子和而不流；強哉矯。中立而不倚；強哉矯。國有道，不變塞焉；強哉矯。國無道，至死不變；強哉矯。」

子曰，「素隱行怪，後世有述焉：吾弗為之矣。君子遵道而行，半塗而廢：吾弗能已矣。君子依乎中庸。遯世不見知而不悔：唯聖者能之。」

君子之道，費而隱。夫婦之愚，可以與之焉，及其至也，雖聖人亦有所不知焉。夫婦之不肖，可以能行焉，及其至也，雖聖人亦有所不能焉。天地之大也，人猶有所憾。故君子語大，天下莫能載焉，語小，天下莫能破焉。《詩》云，「鳶飛戾天；魚躍於淵。」言其上下察也。君子之道，造端夫婦；及其至也，察乎天地。

子曰：「道不遠人。人之為道而遠人，不可以為道。《詩》云，『伐柯伐柯，其則不遠。』執柯以伐柯，睨而視之。猶以為遠。故君子以人治人，改而止。忠恕違道不遠。施諸己而不願，亦勿施於人。君子之道四，丘未能一焉：所求乎子，以事父，未能也；所求乎臣，以事君，未能也；所求乎弟，以事兄，未能也；所求乎朋友，先施之，未能也。庸德之行，庸言之謹；有所不足，不敢不勉；有餘，不敢盡。言顧行，行顧言。君子胡不慥慥爾。」

君子素其位而行，不願乎其外。素富貴，行乎富貴；素貧賤，行乎貧賤；素夷狄，行乎夷狄；素患難，行乎患難。君子無入而不自得焉。在上位，不陵下；在下位，不援上；正己而不求於人，則無怨。上不怨天，下不尤人。故君子居易以俟命，小人行險以徼幸。子曰：「射有似乎君子。失諸正鵠，反求諸其身。」

君子之道，辟如行遠必自邇，辟如登高必自卑。《詩》曰：「妻子好合，如鼓瑟琴。兄弟既翕，和樂且耽。宜爾室家，樂爾妻帑。」子曰：「父母其順矣乎！」

子曰：「鬼神之為德其盛矣乎。視之而弗見；聽之而弗聞；體物而不可遺。使天下之人，齊明盛服，以承祭祀。洋洋乎，如在其上，如在其左右。《詩》曰：『神之格思，不可度思，矧可射思？』夫微之顯。誠之不可揜，如此夫。」

子曰：「舜其大孝也與！德為聖人，尊為天子，富有四海之內。宗廟饗之，子孫保之。故大德，必得其位，必得其祿，必得其名，必得其壽。故天之生物必因其材而篤焉。故栽者培之，傾者覆之。《詩》曰：

『嘉樂君子，憲憲令德，宜民宜人。受祿於天。保佑命之，自天申之。』」故大德者必受命。

子曰：「無憂者，其惟文王乎。以王季為父，以武王為子。父作之，子述之。武王纘大王、王季、文王之緒。壹戎衣，而有天下。身不失天下之顯名。尊為天子。富有四海之內。宗廟饗之。子孫保之。武王末受命，周公成文武之德。追王大王、王季，上祀先公以天子之禮。斯禮也，達乎諸侯大夫，及士庶人。父為大夫，子為士；葬以大夫，祭以士。父為士，子為大夫；葬以士，祭以大夫。期之喪，達乎大夫；三年之喪，達乎天子；父母之喪，無貴賤，一也。」

子曰，「武王、周公，其達孝矣乎。夫孝者，善繼人之志，善述人之事者也。春秋，修其祖廟，陳其宗器，設其裳衣，薦其時食。宗廟之禮，所以序昭穆也。序爵，所以辨貴賤也。序事，所以辨賢也。旅酬下為上，所以逮賤也。燕毛所以序齒也。踐其位，行其禮，奏其樂，敬其所尊，愛其所親，事死如事生，事亡如事存，孝之至也。郊社之禮，所以事上帝也。宗廟之禮，所以祀乎其先也。明乎郊社之禮，禘嘗之義，治國其如示諸掌乎。」

哀公問政。子曰：「文武之政，布在方策。其人存，則其政舉；其人亡，則其政息。人道敏政，地道敏樹。夫政也者，蒲盧也。故為政在人。取人以身。修身以道。修道以仁。仁者，人也，親親為大。義者，宜也，尊賢為大。親親之殺，尊賢之等，禮所生也。在下位，不獲乎上，民不可得而治矣。故君子，不可以不修身。思修身，不可以不事親。思事親，不可以不知人。思知人，不可以不知天。天下之達道五，所以行之者三，曰：君臣也、父子也、夫婦也、昆弟也、朋友之交也。五者，天下之達道也。知、仁、勇三者，天下之達德也。所以行之者一也。或生而知之；或學而知之；或困而知之：及其知之，一也。或安而行之；或利而行之；或勉強而行之：及其成功，一也。」

子曰：「好學近乎知。力行近乎仁。知恥近乎勇。知斯三者，則知所以修身。知所以修身，則知所以治人。知所以治人，則知所以治天下國家矣。凡為天下國家有九經，曰：修身也、尊賢也、親親也、敬大臣也、體群臣也、子庶民也、來百工也、柔遠人也、懷諸侯也。修身，

則道立。尊賢，則不惑。親親，則諸父昆弟不怨。敬大臣，則不眩。體群臣，則士之報禮重。子庶民，則百姓勸。來百工，則財用足。柔遠人，則四方歸之。懷諸侯，則天下畏之。齊明盛服，非禮不動：所以修身也。去讒遠色，賤貨而貴德，所以勸賢也。尊其位，重其祿，同其好惡，所以勸親親也。官盛任使，所以勸大臣也。忠信重祿，所以勸士也。時使薄斂，所以勸百姓也。日省月試，既稟稱事，所以勸百工也。送往迎來，嘉善而矜不能所以柔遠人也。繼絕世，舉廢國，治亂持危，朝聘以時，厚往而薄來，所以懷諸侯也。凡為天下國家有九經，所以行之者一也。凡事，豫則立，不豫則廢。言前定，則不跲。事前定，則不困。行前定，則不疚。道前定，則不窮。在下位不獲乎上，民不可得而治矣。獲乎上有道：不信乎朋友，不獲乎上矣。信乎朋友有道：不順乎親，不信乎朋友矣。順乎親有道：反者身不誠，不順乎親矣。誠身有道：不明乎善，不誠乎身矣。誠者，天之道也。誠之者，人之道也。誠者，不勉而中不思而得：從容中道，聖人也。誠之者，擇善而固執之者也。博學之，審問之，慎思之，明辨之，篤行之。有弗學，學之弗能，弗措也。有弗問，問之弗知，弗措也。有弗思，思之弗得，弗措也。有弗辨，辨之弗明，弗措也。有弗行，行之弗篤，弗措也。人一能之，己百之。人十能之，己千之。果能此道矣，雖愚必明，雖柔必強。」

自誠明，謂之性；自明誠，謂之教。誠則明矣；明則誠矣。

唯天下至誠，為能盡其性。能盡其性，則能盡人之性。能盡人之性，則能盡物之性。能盡物之性，則可以贊天地之化育。可以贊天地之化育，則可以與天地參矣。

其次致曲。曲能友誠。誠則形。形則著。著則明。明則動。動則變。變則化。唯天下至誠為能化。

至誠之道可以前知。國家將興，必有禎祥；國家將亡，必有妖孽。見乎蓍龜，動乎四體。禍福將至，善必先知之；不善，必先知之。故至誠如神。

誠者自成也，而道自道也。誠者，物之終始。不誠無物。是故君子誠之為貴。誠者，非自成己而已也。所以成物也。成己仁也。成物知也。

性之德也，合外內之道也。故時措之宜也。

故至誠無息。不息則久，久則徵。徵則悠遠。悠遠，則博厚。博厚，則高明。博厚，所以載物也。高明，所以覆物也。悠久，所以成物也。博厚，配地。高明，配天。悠久，無疆。如此者，不見而章，不動而變，無為而成。天地之道，可一言而盡也。其為物不貳，則其生物不測。天地之道，博也、厚也、高也、明也、悠也、久也。今夫天，斯昭昭之多，及其無窮也，日月星辰系焉，萬物覆焉。今夫地，一撮土之多，及其廣厚，載華岳而不重，振河海而不泄，萬物載焉。今夫山，一卷石之多，及其廣大，草木生之，禽獸居之，寶藏興焉。今夫水，一勺之多，及其不測，黿鼉、蛟龍、魚鱉生焉，貨財殖焉。《詩》云，「維天之命，於穆不已。」蓋曰，天之所以為天也。「於乎不顯，文王之德之純。」蓋曰，文王之所以為文也。純亦不已。

大哉聖人之道！洋洋乎，發育萬物，峻極於天。優優大哉，禮儀三百威儀三千。待其人而後行。故曰，「苟不至德，至道不凝焉。」故君子尊德性，而道問學，致廣大，而盡精微，極高明，而道中庸。溫故，而知新，敦厚以崇禮。是故居上不驕，為下不倍。國有道，其言足以興；國無道，其默足以容。詩曰：「既明且哲，以保其身。」其此之謂與？

子曰：「愚而好自用，賤而好字專。生乎今之世，反古之道。如此者，菑及其身者也。」非天子不議禮，不制度，不考文。今天下，車同軌，書同文，行同倫。雖有其位，苟無其德，不敢作禮樂焉。雖有其德，苟無其位，亦不敢作禮樂焉。子曰，「吾說夏禮，杞不足徵也。吾學殷禮，有宋存焉。吾學周禮，今用之。吾從周。

王天下有三重焉，其寡過矣乎！上焉者雖善，無徵。無徵，不信。不信，民弗從。下焉者雖善，不尊。不尊，不信。不信，民弗從。故君子之道，本諸身，徵諸庶民。考諸三王而不繆，建諸天地而不悖。質諸鬼神而無疑。百世以俟聖人而不惑。質鬼神而無疑，知天也。百世以俟聖人而不惑，知人也。是故君子動而世為天下道，行而世為天下法，言而世為天下則。遠之，則有望；近之，則不厭。詩曰，「在彼

無惡，在此無射；庶幾夙夜，以永終譽。」君子未有不如此，而蚤有譽於天下者也。

仲尼祖述堯舜，憲章文武。律天時，下襲水土。辟如天地之無不持載，無不覆幬。辟如四時之錯行，如日月之代明。萬物並育而不相害。道並行而不相悖。小德川流；大德敦化。此天地之所以為大也。

唯天下至聖，為能聰、明、睿知、足以有臨也；寬、裕、溫、柔、足以有容也；發、強、剛、毅、足以有執也；齊、庄、中、正、足以有敬也；文、理、密、察、足以有別也。溥博，淵泉，而時出之。溥博如天；淵泉如淵。見而民莫不敬；言而民莫不信；行而民莫不說。是以聲名洋溢乎中國，施及蠻貊。舟車所至，人力所通，天之所覆，地之所載，日月所照，霜露所隊：凡有血氣者莫不尊親。故曰，「配天」。

唯天下至誠，為能經綸天下之大經，立天下之大本，知天地之化育。夫焉有所倚？肫肫其仁！淵淵其淵！浩浩其天！苟不固聰明聖知，達天德者，其孰能知之？

詩曰，「衣錦尚絅，」惡其文之著也。故君子之道，闇然而日章；小人之道，的然而日亡。君子之道，淡而不厭、簡而文、溫而理。知遠之近，知風之自，知微之顯。可與入德矣。《詩》云，「潛雖伏矣，亦孔之昭。」故君子內省不疚，無惡於志。君子之所不可及者，其唯人之所不見乎。《詩》云，「相在爾室，尚不愧於屋漏。」故君子不動而敬，不言而信。詩曰，「奏假無言，時靡有爭。」是故君子不賞而民勸，不怒而民威於鈇鉞。詩曰，「不顯惟德，百辟其刑之。」是故君子篤恭而天下平。《詩》云，「予懷明德，不大聲以色。」子曰，「聲色之於以化民，末也。《詩》云，『德輶如毛。』」毛猶有倫。「上天之載，無聲無臭。」至矣。

表記

子言之：歸乎！君子隱而顯，不矜而莊，不厲而威，不言而信。

子曰：君子不失足於人，不失色於人，不失口於人，是故君子貌足畏也，色足憚也，言足信也。《甫刑》曰：「敬忌而罔有擇言在躬。」

子曰：褐襲之不相因也，欲民之毋相瀆也。

子曰：祭極敬，不繼之以樂；朝極辨，不繼之以倦。子曰：君子慎以辟禍，篤以不掩，恭以遠恥。

子曰：君子莊敬日強，安肆日偷。君子不以一日使其躬儳焉，如不終日。子曰：齊戒以事鬼神，擇日月以見君，恐民之不敬也。子曰：狎侮，死焉而不畏也。

子曰：無辭不相接也，無禮不相見也，欲民之毋相褻也。《易》曰："初筮告，再三瀆，瀆則不告。"

子言之：仁者，天下之表也；義者，天下之製也；報者，天下之利也。

子曰：以德報德，則民有所勸；以怨報怨，則民有所懲。《詩》曰："無言不仇，無德不報。"《大甲》曰："民非後無能胥以寧；後非民無以辟四方。"

子曰：以德報怨，則寬身之仁也；以怨報德，則刑戮之民也。

子曰：無欲而好仁者，無畏而惡不仁者，天下一人而矣。是故君子議道自己，而置法以民。

子曰：仁有三，與仁同功而異情。與仁同功，其仁未可知也；與仁同過，然後其仁可知也。仁者安仁，知者利仁，畏罪者強仁。仁者右也，道者左也。仁者人也，道者義也。厚於仁者薄於義，親而不尊；厚於義者薄於仁，尊而不親。道有至，義有考。至道以王，義道以霸，考道以為無失。

子言之：仁有數，義有長短小大。中心憯怛，愛人之仁也：率法而強之，資仁者也。《詩》雲："豐水有芑，武王豈不仕，詒厥孫謀，以燕翼子，武王烝哉。"數世之仁也。《國風》曰："我今不閱，皇恤我後。"終身之仁也。

子曰：仁之為器重，其為道遠，舉者莫能勝也，行者莫能致也，取數多者仁也，夫勉於仁者，不亦難乎？是故君子以義度人，則難為人；以人望人，則賢者可知已矣。

子曰：中心安仁者，天下一人而已矣。《大雅》曰："德如毛，民鮮克舉之，我儀圖之，惟仲山甫舉之，愛莫助之。"

《小雅》曰："高山仰止，景行行止。"子曰：詩之好仁如此，鄉道

而行，中道而廢，忘身之老也，不知年數之不足，俛焉日有孳孳，斃而後已。

子曰：仁之難成久矣！人人失其所好；故仁者之過易辭也。子曰：恭近禮，儉近仁，信近情，敬讓以行，此雖有過，其不甚矣。夫恭寡過，情可信，儉易容也，以此失之者，不亦鮮乎？《詩》曰：「溫溫恭人，惟德之基。」

子曰：仁之難成久矣，惟君子能之。是故君子不以其所能者病人，不以人之所不能者愧人。是故聖人之製行也，不製以己，使民有所勸勉愧恥，以行其言。禮以節之，信以結之，容貌以文之，衣服以移之，朋友以極之，欲民之有一也。《小雅》曰：「不愧於人，不畏於天。」是故君子服其服，則文以君子之容；有其容，則文以君子之辭；遂其辭，則實以君子之德。是故君子恥服其服而無其容，恥有其容而無其辭。恥有其辭而無其德，恥有其德而無其行。是故君子衰絰則有哀色，端冕則有敬色，甲冑則有不可辱之色。《詩》雲：「惟鵜在梁，不濡其翼；彼記之子，不稱其服！」

子言之：君子之所謂義者，貴賤皆有事於天下。天子親耕，粢盛秬鬯以事上帝，故諸侯勤以輔事於天子。

子曰：下之事上也，雖有庇民之大德，不敢有君民之心，仁之厚也。是故君子恭儉以求役仁，信讓以求役禮。不自尚其事，不自尊其身，儉於位而寡於欲，讓於賢，卑己而尊人，小心而畏義，求以事君。得之自是，不得自是，以聽天命。《詩》雲：「莫莫葛藟，施於條枚；凱弟君子，求福不回。」其舜、禹、文王、周公之謂與！有君民之大德，有事君之小心。《詩》雲：「惟此文王，小心翼翼，昭事上帝，聿懷多福，厥德不回，以受方國。」

子曰：先王諡以尊名，節以一惠，恥名之浮於行也。是故君子不自大其事，不自尚其功，以求處情；過行弗率，以求處厚；彰人之善而美人之功，以求下賢。是故君子雖自卑，而民敬尊之。

子曰：後稷，天下之為烈也，豈一手一足哉！唯欲行之浮於名也，故自謂便人。

子言之：君子之所謂仁者，其難乎！《詩》雲：「凱弟君子，民之父

母。凱以強教之，弟以說安之。”樂而毋荒，有禮而親；威莊而安，孝慈而敬。使民有父之尊，有母之親。如此而後可以為民父母矣。非至德其孰能如此乎？今父之親子也，親賢而下無能；母之親子也，賢則親之，無能則憐之。母，親而不尊；父，尊而不親。水之於民也，親而不尊；火，尊而不親。土之於民也，親而不尊；天，尊而不親。命之於民也，親而不尊；鬼，尊而不親。

子曰：夏道尊命，事鬼敬神而遠之，近人而忠焉，先祿而後威，先賞而後罰，親而不尊。其民之敝，蠢而愚，喬而野，樸而不文。殷人尊神，率民以事神，先鬼而後禮，先罰而後賞，尊而不親，其民之敝。蕩而不靜，勝而無恥。”周人尊禮尚施，事鬼敬神而遠之，近人而忠焉，其賞罰用爵列，親而不尊，其民之敝，利而巧，文而不慚，賊而蔽。

子曰：夏道未瀆辭，不求備，不大望於民，民未厭其親。殷人未瀆禮，而求備於民。周人強民，未瀆神，而賞爵刑罰窮矣。子曰：虞夏之道，寡怨於民；殷周之道，不勝其敝。

子曰：虞夏之質，殷周之文，至矣。虞夏之文不勝其質；殷周之質不勝其文。

子言之曰：後世雖有作者，虞帝弗可及也已矣；君天下，生無私，死不厚其子；子民如父母，有憯怛之愛，有忠利之教；親而尊，安而敬，威而愛，富而有禮，惠而能散；其君子尊仁畏義，恥費輕實，忠而不犯，義而順，文而靜，寬而有辨。《甫刑》曰：“德威惟威，德明惟明。”非虞帝其孰能為此乎？

子言之：事君先資其言，拜自獻其身，以成其信。是故君有責於其臣，臣有死於其言。故受祿不誣，其受罪益寡。

子曰：事君大言入則望大利，小言入則望小利；故君子不以小言受大祿，不以大言受小祿。《易》曰：“不家食吉。”

子曰：事君不下達，不尚辭，非其人弗自。《小雅》曰：“靖共爾位，正直是與，神之聽之，式穀以女。”子曰：事君遠而諫，則諂也；近而不諫，則尸利也。

子曰：邇臣守和，宰正百官，大臣慮四方。

子曰：事君欲諫不欲陳。《詩》雲："心乎愛矣，瑕不謂矣；中心藏之，何日忘之。"

子曰：事君難進而易退，則位有序，易進而難退則亂也。故君子三揖而進，一辭而退，以遠亂也。子曰：事君三違而不出竟，則利祿也，人雖曰不要，吾弗信也。

子曰：事君慎始而敬終。子曰：事君可貴可賤，可富可貧，可生可殺，而不可使為亂。

子曰：事君，軍旅不辟難，朝廷不辭賤。處其位而不履其事，則亂也。故君使其臣得誌，則慎慮而從之；否，則孰慮而從之，終事而退，臣之厚也。《易》曰："不事王侯，高尚其事。"

子曰：唯天子受命於天，士受命於君。故君命順則臣有順命；君命逆則臣有逆命。詩曰："鵲之薑薑，鶉之賁賁；人之無良，我以為君。"

子曰：君子不以辭盡人。故天下有道，則行有枝葉；天下無道，則辭有枝葉。是故君子於有喪者之側，不能賻焉，則不問其所費；於有病者之側，不能饋焉，則不問其所欲；有客，不能館，則不問其所舍。故君子之接如水；小人之接如醴。君子淡以成；小人甘以壞。《小雅》曰："盜言孔甘，亂是用餤。"

子曰：君子不以口譽人，則民作忠。故君子問人之寒，則衣之；問人之饑，則食之；稱人之美，則爵之。《國風》曰："心之憂矣，於我歸說。"

子曰：口惠而實不至，怨菑及其身，是故君子與其有諾責也，寧有已怨。《國風》曰："言笑晏晏，信誓旦旦。不思其反，反是不思，亦已焉哉！"

子曰：君子不以色親人。情疏而貌親，在小人則穿窬之盜也與？子曰：情欲信，辭欲巧。

子言之：昔三代明王皆事天地之神明，無非卜筮之用，不敢以其私，褻事上帝。是故不犯日月，不違卜筮。卜筮不相襲也。大事有時日；小事無時日，有筮。外事用剛日，內事用柔日。不違龜筮。

子曰：牲牷禮樂齊盛，是以無害乎鬼神，無怨乎百姓。

子曰：後稷之祀易富也。其辭恭，其欲儉，其祿及子孫。詩曰：「後稷兆祀，庶無罪悔，以迄於今。」

子曰：大人之器威敬。天子無筮，諸侯有守筮。天子道以筮；諸侯非其國不以筮，卜宅寢室。天子不卜處大廟。

子曰：君子敬則用祭器。是以不廢日月，不違龜筮，以敬事其君長。是以上不瀆於民，下不褻於上。

緇衣

子言之曰：為上易事也，為下易知也，則刑不煩矣。

子曰：好賢如《緇衣》，惡惡如《巷伯》，則爵不瀆而民作願，刑不試而民鹹服。《大雅》曰：「儀刑文王，萬國作孚。」

子曰：夫民，教之以德，齊之以禮，則民有格心；教之以政，齊之以刑，則民有遁心。故君民者，子以愛之，則民親之；信以結之，則民不倍；恭以蒞之，則民有孫心。《甫刑》曰：「苗民匪用命，製以刑，惟作五虐之刑曰法。」是以民有惡德，而遂絕其世也。

子曰：下之事上也，不從其所令，從其所行。上好是物，下必有甚者矣。故上之所好惡，不可不慎也，是民之表也。

子曰：禹立三年，百姓以仁遂焉，豈必盡仁？《詩》雲：「赫赫師尹，民具爾瞻。」《甫刑》曰：「一人有慶，兆民賴之。」《大雅》曰：「成王之孚，下土之式。」

子曰：上好仁，則下之為仁爭先人。故長民者章誌、貞教、尊仁，以子愛百姓，民致行己以說其上矣。《詩》雲：「有梏德行，四國順之。

子曰：王言如絲，其出如綸，王言如綸；其出如綍。故大人不倡遊言。可言也，不可行，君子弗言也；可行也，不可言，君子弗行也。則民言不危行，而言行不危言矣。《詩》雲：「淑慎爾止，不愆於儀。」

子曰：君子道人以言，而禁人以行。故言必慮其所終，而行必稽其所敝；則民謹於言而慎於行。詩雲：「慎爾出話，敬爾威儀。」《大雅》曰：「穆穆文王，於緝熙敬止。」

子曰：長民者，衣服不貳，從容有常，以齊其民，則民德一。《詩》

雲：「彼都人士，狐裘黄黄，其容不改，出言有章；行歸於周，萬民所望。」

子曰：為上可望而知也，為下可述而誌也，則君不疑於其臣，而臣不惑於其君矣。《尹吉》曰：「惟尹躬及湯，鹹有一德。」《詩》雲：「淑人君子，其儀不忒。」

子曰：有國者章善<广>>惡，以示民厚，則民情不貳。《詩》雲：「靖共爾位，好是正直。」

子曰：上人疑則百姓惑，下難知則君長勞。故君民者，章好以示民俗，慎惡以禦民之淫、則民不惑矣。臣儀行，不重辭，不援其所不及，不煩其所不知，則君不勞矣。《詩》雲：「上帝板板，下民卒<广>>。」《小雅》曰：「匪其止共，惟王之邛。」

子曰：政之不行也，教之不成也，爵祿不足勸也，刑罰不足恥也。故上不可以褻刑而輕爵。《康誥》曰：「敬明乃罰。」《甫刑》曰：「播刑之不迪。」

子曰：大臣不親，百姓不寧，則忠敬不足，而富貴已過也。大臣不治，而邇臣比矣。故大臣不可不敬也，是民之表也；邇臣不可不慎也，是民之道也。君毋以小謀大，毋以遠言近，毋以內圖外，則大臣不怨，邇臣不疾，而遠臣不蔽矣。葉公之顧命曰：毋以小謀敗大作，毋以嬖禦人疾莊後，毋以嬖禦士疾莊士、大夫卿士。

子曰：大人不親其所賢，而信其所賤；民是以親失，而教是以煩。《詩》雲：「彼求我則，如不我得：執我仇讎，亦不我力。」《君陳》曰：「未見聖，若己弗克見；既見聖，亦不克由聖。」

子曰：小人溺於水，君子溺於口，大人溺於民，皆在其所褻也。夫水近於人而溺人，德易狎而難親也，易以溺人。口費而煩，易出難悔，易以溺人。夫民閉於人，而有鄙心，可敬不可慢，易以溺人。故君子不可以不慎也。《大甲》曰：「毋越厥命以自覆也；若虞機張，往省括於厥度則釋。《兌命》曰：惟口起羞，惟甲胄起兵，惟衣裳在笥，惟幹戈省厥躬。《大甲》曰：「天作孽，可違也；自作孽，不可以逭。」《尹吉》曰：「惟尹躬天，見於西邑；夏自周有終，相亦惟終。」

子曰：「民以君為心，君以民為體。心莊則體舒，心肅則容敬。心好之，身必安之；君好之，民必欲之。心以體全，亦以體傷，君以民存，亦以民亡。《詩》雲：「昔吾有先正，其言明且清，國家以寧，都邑以成，庶民以生。誰能秉國成，不自為正，卒勞百姓。」《君雅》曰：「夏日暑雨，小民惟曰怨，資冬祁寒，小民 亦惟曰怨。」

子曰：下之事上也，身不正，言不信，則義不一，行無類也。子曰：言有物而行有格也，是以生則不可奪誌，死則不可奪名。故君子多聞，質而守之；多誌，質而親之；精知，略而行之。《君陳》曰：「出入自爾師虞，庶言同。」《詩》雲：「淑人君子，其儀一也。」

子曰：唯君子能好其正，小人毒其正。故君子之朋友有鄉，其惡有方；是故邇者不惑，而遠者不疑也。《詩》雲：「君子好仇。

子曰：輕絕貧賤，而重絕富貴，則好賢不堅，而惡惡不著也。人雖曰不利，吾不信也。《詩》雲：「朋友攸攝，攝以威儀。

子曰：私惠不歸德，君子不自留焉。《詩》雲：「人之好我，示我周行。」

子曰：苟有車，必見其軾；苟有衣，必見其敝；人苟或言之，必聞其聲；苟或行之，必見其成。《葛覃》曰：「服之無射。」

子曰：言從而行之，則言不可飾也；行從而言之，則行不可飾也。故君子寡言，而行以成其信，則民不得大其美而小其惡。《詩》雲：「白圭之玷，尚可磨也；斯言之玷，不可為也。」《小雅》曰：「允也君子，展也大成。」《君奭》曰：「昔在上帝，周田觀文王之德，其集大命於厥躬。」

子曰：南人有言曰：人而無恆，不可以為卜筮。古之遺言與？龜筮猶不能知也，而況於人乎？《詩》雲：「我龜既厭，不我告猶。」《兌命》曰：「爵無及惡德，民立而正事。純而祭祀，是為不敬；事煩則亂，事神則難。」《易》曰：「不恆其德，或承之羞。」「恆其德偵，婦人吉，夫子凶。」

奔喪

奔喪之禮。始聞親喪，以哭答使者，盡哀；問故，又哭盡哀。

遂行。日行百里，不以夜行。唯父母之喪，見星而行，見星而舍。若未得行，則成服而後行。過國至竟，哭盡哀而止。哭辟市朝。望其國竟哭。至於家，入門左，升自西階，殯東西面坐，哭盡哀，括髮袒，降堂東即位，西鄉哭，成踊，襲絰於序東，絞帶。反位，拜賓成踊，送賓，反位。有賓後至者，則拜之，成踊送賓皆如初。眾主人兄弟皆出門，出門哭止，闔門，相者告就次。於又哭，括髮袒成踊。於三哭，猶括髮袒成踊。三日，成服，拜賓送賓皆如初。

奔喪者非主人，則主人為之拜賓送賓。奔喪者自齊衰以下，入門左中庭北面哭盡哀，免麻於序東，即位袒，與主人哭成踊。於又哭三哭皆免袒，有賓，則主人拜賓送賓。丈夫婦人之待之也，皆如朝夕哭，位無變也。

奔母之喪，西面哭盡哀，括髮袒，降堂東即位，西鄉哭，成踊，襲免絰於序東，拜賓送賓，皆如奔父之禮，於又哭不括髮。

婦人奔喪，升自東階，殯東西面坐，哭盡哀，東髦，即位，與主人拾踊。

奔喪者不及殯，先之墓，北面坐，哭盡哀。主人之待之也，即位於墓左，婦人墓右，成踊，盡哀，括髮，東即主人位，絰絞帶，哭成踊，拜賓，反位，成踊，相者告事畢。遂冠歸，入門左，北面哭盡哀，括髮袒成踊，東即位，拜賓成踊。賓出，主人拜送。有賓後至者，則拜之成踊，送賓如初。眾主人兄弟皆出門，出門哭止，相者告就次。於又哭，括髮成踊；於三哭，猶括髮成踊。三日成服，於五哭，相者告事畢。為母所以異於父者，壹括髮，其餘免以終事，他如奔父之禮。

齊衰以下不及殯，先之墓，西面哭盡哀，免麻於東方，即位，與主人哭成踊，襲。有賓，則主人拜賓，送賓。賓有後至者，拜之如初。相者告事畢。遂冠歸，入門左，北面哭盡哀，免袒成踊，東即位，拜賓成踊：賓出，主人拜送。於又哭，免袒成踊，於三哭，猶免袒成踊。三日成服，於五哭，相者告事畢。

聞喪不得奔喪，哭盡哀；問故，又哭盡哀。乃為位，括髮袒成踊，襲絰絞帶即位，拜賓反位成踊。賓出，主人拜送於門外，反位，若有賓

後至者，拜之成踊，送賓如初。於又哭，括髮袒成踊，於三哭，猶括髮袒成踊，三日成服，於五哭，拜賓送賓如初。

若除喪而後歸，則之墓，哭成踊，東括髮袒経，拜賓成踊，送賓反位，又哭盡哀，遂除，於家不哭。主人之待之也，無變於服，與之哭，不踊。

自齊衰以下，所以異者，免麻。

凡為位，非親喪，齊衰以下，皆即位哭盡哀，而東免経，即位，袒、成踊、襲，拜賓反位，哭成踊，送賓反位，相者告就次。三日五哭卒，主人出送賓，為主人兄弟皆出門，哭止，相者告事畢。成服拜賓。若所為位家遠，則成服而往。

齊衰望鄉而哭，大功望門而哭，小功至門而哭，緦麻即位而哭。

哭父之黨於廟，母妻之黨於寢，師於廟門外，朋友於寢門外，所識於野張帷。凡為位不奠。哭天子九，諸侯七，卿大夫五，士三。大夫哭諸侯，不敢拜賓。諸臣在他國，為位而哭，不敢拜賓。與諸侯為兄弟，亦為位而哭。凡為位者壹袒。

所識者弔，先哭於家而後之墓，皆為之成踊，從主人北面而踊。凡喪，父在父為主，父沒，兄弟同居，各主其喪。親同，長者主之；不同，親者主之。

聞遠兄弟之喪，既除喪而後聞喪，免袒成踊。拜賓則尚左手。

無服而為位者，唯嫂叔及婦人降而無服者麻。

凡奔喪，有大夫至，袒，拜之，成踊而後襲；於士，襲而後拜之。

間喪

親始死，雞斯徒跣，扱上衽，交手哭。惻怛之心，痛疾之意，傷腎幹肝焦肺，水漿不入口，三日不舉火，故鄰裏為之糜粥以飲食之。夫悲哀在中，故形變於外也。痛疾在心，故口不甘味，身不安美也。

三日而斂，在床曰屍，在棺曰柩，動屍舉柩，哭踊無數。惻怛之心，痛疾之意，悲哀誌懣氣盛，故袒而踊之，所以動體安心下氣也。婦人不宜袒，故發胸擊心爵踊，殷殷田田，如壞牆然，悲哀痛疾之至也。故曰："辟踊哭泣哀以送之。"送形而往，迎精而反也。

其往送也，望望然汲汲然如有追而弗及也；其反哭也，皇皇然若有求而弗得也。故其往送也如慕，其反也如疑。

求而無所得之也，入門而弗見也，上堂又弗見也，入室又弗見也。亡矣！喪矣！不可複見已矣！故哭泣辟踴，盡哀而止矣。心悵焉、愴焉、惚焉、愾焉，心絕誌悲而已矣。祭之宗廟，以鬼饗之，徼幸複反也。成壙而歸，不敢入處室，居於倚廬，哀親之在外也；寢苫枕塊，哀親之在土也。故哭泣無時，服勤三年，思慕之心，孝子之誌也，人情之實也。

或問曰：死三日而後斂者何也？曰：孝子親死，悲哀誌懑，故匍匐而哭之，若將複生然，安可得奪而斂之也。故曰，三日而後斂者，以俟其生也；三日而不生，亦不生矣。孝子之心亦益衰矣家室之計，衣服之具，亦可以成矣，親戚之遠者，亦可以至矣。是故聖人為之斷決以三日為之禮製也。

或問曰："冠者不肉袒何也？"曰："冠、至尊也。不居肉袒之體也，故為之免以代之也"。

然則禿者不免，傴者不袒，跛者不踴，非不悲也：身有錮疾，不可以備禮也。故曰："喪禮唯哀為主矣。"女子哭泣悲哀，擊胸傷心；男子哭泣悲哀，稽顙觸地無容，哀之至也。

或問曰：免者以何為也？曰：不冠者之所服也。《禮》曰："童子不緦，唯當室緦。"緦者其免也，當室則免而杖矣。

或問曰：杖者何也？曰：竹桐一也。故為父苴杖，苴杖，竹也；為母削杖，削杖、桐也。

或問曰：杖者以何為也？曰：孝子喪親，哭泣無數，服勤三年，身病體羸，以杖扶病也。則父在不敢杖矣，尊者在故也。堂上不杖，辟尊者之處也。堂上不趨，示不遽也。此孝子之誌也，人情之實也，禮義之經也，非從天降也，非從地出也，人情而已矣。

服問

《傳》曰："有從輕而重"，公子之妻為其皇姑。"有從重而輕"，為妻之父母。"有從無服而有服"，公子之妻為公子之外兄弟。"有

從有服而無服”，公子為其妻之父母。《傳》曰：“母出，則為繼母之黨服；母死，則為其母之黨服。”為其母之黨服，則不為繼母之黨服。

三年之喪，既練矣，有期之喪，既葬矣，則帶其故葛帶，絰期之絰，服其功衰。有大功之喪，亦如之。小功，無變也。

麻之有本者，變三年之葛。既練，遇麻斷本者，於免，絰之；既免，去絰。每可以絰必絰，既絰，則去之。

小功不易喪之練冠，如免，則絰思緦小功之絰，因其初葛帶。緦之麻，不變小功之葛；小功之麻，不變大功之葛。以有本為稅。

殤長、中，變三年之葛。終殤之月算，而反三年之葛。是非重麻，為其無卒哭之稅。下殤則否。

君為天子三年，夫人如外宗之為君也。世子不為天子服。君所主，夫人、妻、大子適婦。大夫之適子為君，夫人，大子，如士服。

君之母，非夫人，則群臣無服。唯近臣及仆驂乘從服，唯君所服，服也。公為卿大夫錫衰以居，出亦如之。當事則弁絰。大夫相為，亦然。為其妻，往則服之，出則否。

凡見人無免絰，雖朝於君，無免絰。唯公門有稅齊衰。《傳》曰：「君子不奪人之喪，亦不可奪喪也。」《傳》曰：「罪多而刑五，喪多而服五，上附下附列也。」

間傳

斬衰何以服苴？苴，惡貌也，所以首其內而見諸外也。斬衰貌若苴，齊衰貌若枲。大功貌若止，小功、緦麻容貌可也。此哀之發於容體者也。

斬衰之哭，若往而不反；齊衰之哭，若往而反；大功之哭，三曲而偯；小功緦麻，哀容可也。此哀之發於聲音者也。

斬衰，唯而不對；齊衰，對而不言；大功，言而不議；小功緦麻，議而不及樂。此哀之發於言語者也。

斬衰、三日不食，齊衰、二日不食，大功、三不食，小功緦麻、再不食，士與斂焉，則一不食。故父母之喪，既殯食粥，朝一溢米，莫一

溢米；齊衰之喪，疏食水飲，不食菜果；大功之喪，不食醯醬；小功
緦麻，不飲醴酒。此哀之發於飲食者也。

父母之喪，既虞卒哭，疏食水飲，不食菜果；期而小祥，食菜果；又
期而大祥，有醯醬；中月而禫，禫而飲醴酒。始飲酒者先飲醴酒。始
食肉者先食乾肉。

父母之喪，居倚廬，寢苫枕塊，不說絰帶；齊衰之喪，屋堊室，芐翦
不納；大功之喪，寢有席；小功緦麻，床可也。此哀之發於居處者也。

父母之喪，既虞卒哭，柱楣翦屏，芐翦不納；期而小祥，居堊室，寢
有席；又期而大祥，居複寢；中月而禫，禫而床。

斬衰三升，齊衰四升五升六升，大功七升八升九升，小功十升十一升
十二升，緦麻十五升去其半，有事其縷、無事其布曰緦。此哀之發於
衣服者也。

斬衰三升，既虞卒哭，受以成布六升，冠七升。為母疏衰四升，受以
成布七升冠八升。去麻服葛，葛帶三重。期而小祥，練冠縓緣，要絰
不除。男子除乎首，婦人除乎帶。男子何為除乎首也？婦人何為除乎
帶也？男子重首，婦人重帶。除服者先重者，易服者易輕者。又期而
大祥，素縞麻衣。中月而禫，禫而纖，無所不佩。

易服者何？為易輕者也。斬衰之喪，既虞卒哭，遭齊衰之喪，輕者包，
重者特。既練，遭大功之喪，麻葛重。齊衰之喪，既虞卒哭，遭大功
之喪，麻葛兼服之。斬衰之葛與齊衰之麻同，齊衰之葛與大功之麻同，
大功之葛與小功之麻同，小功之葛與緦之麻同，麻同則兼服之。兼服
之服重者，則易輕者也。

三年問

三年之喪何也？曰：稱情而立文，因以飾群，別親疏貴賤之節，而弗
可損益也。故曰：無易之道也。創鉅者其日久，痛甚者其愈遲，三年
者，稱情而立文，所以為至痛極也。斬衰苴杖，居倚廬，食粥，寢苫
枕塊，所以為至痛飾也。三年之喪，二十五月而畢，哀痛未盡，思慕
未忘，然而服以是斷之者，豈不送死有已，複生有節哉？凡生天地之
間者，有血氣之屬，必有知，有知之屬，莫不知愛其類。今是大鳥獸，

則失喪其群匹，越月逾時焉，則必反巡，過其故鄉，翔回焉，鳴號焉，蹢躅焉，踟躕焉，然後乃能去之。小者至於燕雀，猶有啁噍之頃焉。然後乃能去之。故有血氣之屬者，莫知於人，故人於其親也，至死不窮。將由夫患邪淫之人與，則彼朝死而夕忘之，然而從之，則是曾鳥獸之不若也，夫焉能相與群居而不亂乎？將由夫修飾之君子與，則三年之喪，二十五月而畢，若駟之過隙，然而遂之，則是無窮也。故先王焉為之立中製節，一使足以成文理，則釋之矣。

然則何以至期也？曰：至親以期斷。是何也？曰：天地則已易矣，四時則已變矣，其在天地之中者，莫不更始焉，以是象之也。然則何以三年也？曰：加隆焉爾也，焉使倍之，故再期也。由九月以下何也？曰：焉使弗及也。故三年以為隆，緦小功以為殺，期九月以為間。上取象於天，下取法於地，中取則於人，人之所以群居和一之理盡矣。故三年之喪，人道之至文者也，夫是之謂至隆。是百王之所同，古今之所一也。未有知其所由來者也。孔子曰："子生三年，然後免於父母之懷。"夫三年之喪，天下之達喪也。

深衣

古者深衣蓋有製度，以應規、矩、繩、權、衡。

短毋見膚，長毋被土。續袵，鉤邊，要縫半下。袼之高下，可以運肘；袂之長短，反詘之及肘。帶，下毋厭髀，上毋厭脅，當無骨者。

製十有二幅以應十有二月，袂圜以應規，曲袷如矩以應方，負繩及踝以應直，下齊如權衡以應平。故規者，行舉手以為容；負繩抱方者，以直其政，方其義也。故《易》曰：「坤六二之動，直以方也。」下齊如權衡者，以安誌而平心也。五法已施，故聖人服之。故規矩取其無私，繩取其直，權衡取其平，故先王貴之。故可以為文，可以為武，可以擯相，可以治軍旅，完且弗費，善衣之次也。

具父母大父母，衣純以繢；具父母，衣純以青。如孤子，衣純以素。純袂、緣、純邊，廣各寸半。

投壺

投壺之禮，主人奉矢，司射奉中，使人執壺。主人請曰：某有枉矢哨壺，請以樂賓。賓曰：子有旨酒嘉肴，某既賜矣，又重以樂，敢辭。主人曰：枉矢哨壺，不足辭也，敢固以請。賓曰：某既賜矣，又重以樂，敢固辭。主人曰：枉矢哨壺，不足辭也，敢固以請。賓曰：某固辭不得命，敢不敬從。賓再拜受，主人般還，曰：辟。主人阼階上拜送，賓般還，曰：辟。已拜，受矢，進即兩楹間，退反位，揖賓就筵。司射進度壺，間以二矢半，反位，設中，東麵，執八算興。

請賓曰：順投為入，比投不釋，勝飲不勝者，正爵既行，請為勝者立馬，一馬從二馬，三馬既立，請慶多馬。請主人亦如之。命弦者曰：請奏《狸首》，間若一。大師曰：諾。

左右告矢具，請拾投。有入者，則司射坐而釋一算焉。賓黨於右，主黨於左。

卒投，司射執算曰：左右卒投，請數。二算為純，一純以取，一算為奇。遂以奇算告曰：某賢於某若幹純。奇則曰奇，鈞則曰左右鈞。

命酌曰：請行觴曰：諾。當飲者皆跪奉觴，曰：賜灌。勝者跪曰：敬養。

正爵既行，請立馬。馬各直其算。一馬從二馬，以慶。慶禮曰：三馬既備，請慶多馬。賓主皆曰：諾。正爵既行，請徹馬。

算多少視其坐。籌，室中五扶，堂上七扶，庭中九扶。算長尺二寸。

壺，頸修七寸，腹修五寸，口徑二寸半，容鬥五升。壺中實小豆焉，為其矢之躍而出也。壺去 席二矢半。矢以柘若棘，毋去其皮。魯令弟子辭曰：毋無，毋敖，毋偝立，毋逾言，偝立逾言，有常爵。薛令弟子辭曰：毋無，毋敖，毋偝立，毋逾言。若是者浮。

鼓：○□○○○□□○□□□；半：○□○□○○○□□○。

魯鼓：○□○○○□□○□○○□□○○□；半：○□○○○□○□○。

薛鼓，取半以下為投壺禮，盡用之為射禮。司射、庭長，及冠士立者，皆屬賓黨；樂人及使者、童子，皆屬主黨。

魯鼓：○□○○○□○○；半：○□○○○□○○○□○○○□○。

薛鼓：□○○○○○□○□○○○□○□○○□○；半：□□○□○○○○□○。

儒行

魯哀公問於孔子曰：夫子之服，其儒服與？孔子對曰：丘少居魯，衣逢掖之衣；長居宋，冠章甫之冠。丘聞之也，君子之學也博，其服也鄉，丘不知儒服。

哀公曰：敢問儒行。孔子對曰：遽數之不能終其物，悉數之乃留，更仆未可終也。

哀公命席。孔子侍曰：儒有席上之珍以待聘，夙夜強學以待問，懷忠信以待舉，力行以待取，其自立有如此者。

儒有衣冠中，動作慎，其大讓如慢，小讓如偽，大則如威，小則如愧。其難進而易退也。粥粥若無能也，其容貌有如此者。

儒有居處齊難。其坐起恭敬，言必先信，行必中正；道途不爭險易之利，冬夏不爭陰陽之和；愛其死以有待也，養其身以有為也。其備豫有如此者。

儒有不寶金玉，而忠信以為寶；不祈土地，立義以為土地；不祈多積，多文以為富。難得而易祿也，易祿而難畜也，非時不見，不亦難得乎？非義不合，不亦難畜乎？先勞而後祿，不亦易祿乎？其近人有如此者。

儒有委之以貨財，淹之以樂好，見利不虧其義；劫之以眾，沮之以兵，見死不更其守；鷙蟲攫搏不程勇者，引重鼎不程其力；往者不悔，來者不豫；過言不再，流言不極；不斷其威，不習其謀。其特立有如此者。

儒有可親而不可劫也，可近而不可迫也，可殺而不可辱也。其居處不淫，其飲食不溽；其過失可微辨而不可面數也。其剛毅有如此者。

儒有忠信以為甲冑，禮義以為干櫓；戴仁而行，抱義而處；雖有暴政，不更其所。其自立有如此者。

儒有一畝之宮，環堵之室，篳門圭窬，蓬戶甕牖；易衣而出，並日而食，上答之不敢以疑，上不答不敢以諂，其仕有如此者。

儒有今人與居，古人與稽；今世行之，後世以為楷；適弗逢世，上弗

援，下弗推，讒諂之民，有比黨而危之者，身可危也，而誌不可奪也，雖危起居，竟信其誌，猶將不忘百姓之病也。其憂思有如此者。

儒有博學而不窮。篤行而不倦；幽居而不淫，上通而不困。禮之以和為貴，忠信之美，優遊之法，慕賢而容眾，毀方而瓦合。其寬裕有如此者。

儒有內稱不辟親，外舉不辟怨。程功積事，推賢而進達之，不望其報。君得其誌，苟利國家，不求富貴。其舉賢援能有如此者。

儒皆聞善以相告也，見善以相示也；爵位相先也，患難相死也；久相待也，遠相致也。其任舉有如此者。

儒有澡身而浴德，陳言而伏，靜而正之，上弗知也，粗而翹之，又不急為也；不臨深而為高，不加少而為多，世治不輕，世亂不沮；同弗與，異弗非也。其特立獨行有如此者。

儒有上不臣天子，下不事諸侯；慎靜而尚寬，強毅以與人，博學以知服；近文章，砥厲廉隅；雖分國如錙銖，不臣不仕。其規為有如此者。

儒有合誌同方，營道同術：並立則樂，相下不厭；久不相見，聞流言不信；其行本方立義，同而進，不同而退。其交友有如此者。

溫良者，仁之本也；敬慎者，仁之地也；寬裕者，仁之作也；孫接者，仁之能也；禮節者，仁之貌也；言談者，仁之文也；歌樂者，仁之和也；分散者，仁之施也。儒皆兼而有之，猶且不敢言仁也。其尊讓有如此者。

儒有不隕獲於貧賤，不充詘於富貴；不恩君王，不累長上，不閔有司，故曰儒，今眾人之命儒也妄，常以儒相詬病。

孔子至舍，哀公館之，聞此言也，言加信，行加義：「終沒吾世，不敢以儒為戲。」

大學

大學之道，在明明德，在親民，在止於至善。知止而後有定，定而後能靜，靜而後能安，安而後能慮，慮而後能得。物有本末，事有終始，知所先後，則近道矣。古之欲明明德於天下者，先治其國；欲治其國者，先齊其家；欲齊其家者，先修其身；欲修其身者，先正其心；欲

153

正其心者，先誠其意；欲誠其意者，先致其知，致知在格物。物格而後知至，知至而後意誠，意誠而後心正，心正而後身修，身修而後家齊，家齊而後國治，國治而後天下平。自天子以至於庶人，壹是皆以修身為本。其本亂而末治者否矣，其所厚者薄，而其所薄者厚，未之有也！此謂知本，此謂知之至也。

所謂誠其意者，毋自欺也，如惡惡臭，如好好色，此之謂自謙，故君子必慎其獨也！小人閒居為不善，無所不至，見君子而後厭然，掩其不善，而著其善。人之視己，如見其肺肝然，則何益矣！此謂誠於中，形於外，故君子必慎其獨也。曾子曰：「十目所視，十手所指，其嚴乎！」富潤屋，德潤身，心廣體胖，故君子必誠其意。

《詩》云：「瞻彼淇澳，菉竹猗猗。有斐君子，如切如磋，如琢如磨。瑟兮僩兮，赫兮喧兮。有斐君子，終不可諠兮！」「如切如磋」者，道學也；"如琢如磨"者，自修也；「瑟兮僩兮」者，恂慄也；「赫兮喧兮」者，威儀也；「有斐君子，終不可諠兮」者，道盛德至善，民之不能忘也。《詩》云：「於戲前王不忘！」君子賢其賢而親其親，小人樂其樂而利其利，此以沒世不忘也。

《康誥》曰：「克明德。」《太甲》曰：「顧諟天之明命。」《帝典》曰：「克明峻德。」皆自明也。

湯之盤銘曰：「苟日新，日日新，又日新。」《康誥》曰：「作新民。」《詩》曰：「周雖舊邦，其命惟新。」是故君子無所不用其極。

《詩》云：「邦畿千里，惟民所止。」《詩》云：「緡蠻黃鳥，止于丘隅。」子曰：「於止，知其所止，可以人而不如鳥乎？」《詩》云：「穆穆文王，於緝熙敬止！」為人君，止於仁；為人臣，止於敬；為人子，止於孝；為人父，止於慈；與國人交，止於信。

子曰：「聽訟，吾猶人也，必也使無訟乎！」無情者不得盡其辭，大畏民志。此謂知本。

所謂修身在正其心者：身有所忿懥，則不得其正；有所恐懼，則不得其正；有所好樂，則不得其正；有所憂患，則不得其正。心不在焉，視而不見，聽而不聞，食而不知其味。此謂修身在正其心。

所謂齊其家在修其身者：人之其所親愛而辟焉，之其所賤惡而辟焉，

之其所畏敬而辟焉，之其所哀矜而辟焉，之其所敖惰而辟焉。故好而知其惡，惡而知其美者，天下鮮矣！故諺有之曰：「人莫知其子之惡，莫知其苗之碩。」此謂身不修不可以齊其家。

所謂治國必先齊其家者，其家不可教而能教人者，無之。故君子不出家而成教於國：孝者，所以事君也；弟者，所以事長也；慈者，所以使眾也。《康誥》曰：「如保赤子」，心誠求之，雖不中不遠矣。未有學養子而後嫁者也！一家仁，一國興仁；一家讓，一國興讓；一人貪戾，一國作亂。其機如此。此謂一言僨事，一人定國。堯、舜率天下以仁，而民從之；桀、紂率天下以暴，而民從之。其所令反其所好，而民不從。是故君子有諸己而後求諸人，無諸己而後非諸人。所藏乎身不恕，而能喻諸人者，未之有也。故治國在齊其家。《詩》云：「桃之夭夭，其葉蓁蓁；之子于歸，宜其家人。」宜其家人，而後可以教國人。《詩》云：「宜兄宜弟。」宜兄宜弟，而後可以教國人。《詩》云：「其儀不忒，正是四國。」其為父子兄弟足法，而後民法之也。此謂治國在齊其家。

所謂平天下在治其國者：上老老而民興孝，上長長而民興弟，上恤孤而民不倍，是以君子有絜矩之道也。所惡於上，毋以使下；所惡於下，毋以事上；所惡於前，毋以先後；所惡於後，毋以從前；所惡於右，毋以交於左；所惡於左，毋以交於右。此之謂絜矩之道。《詩》云：「樂只君子，民之父母。」民之所好好之，民之所惡惡之，此之謂民之父母。《詩》云：「節彼南山，維石巖巖。赫赫師尹，民具爾瞻。」有國者不可以不慎，辟則為天下僇矣。《詩》云：「殷之未喪師，克配上帝。儀監于殷，峻命不易。」道得眾則得國，失眾則失國。是故君子先慎乎德。有德此有人，有人此有土，有土此有財，有財此有用。德者本也，財者末也，外本內末，爭民施奪。是故財聚則民散，財散則民聚。是故言悖而出者，亦悖而入；貨悖而入者，亦悖而出。《康誥》曰：「惟命不于常！」道善則得之，不善則失之矣。楚書曰：「楚國無以為寶，惟善以為寶。」舅犯曰：「亡人無以為寶，仁親以為寶。」《秦誓》曰：「若有一介臣，斷斷兮無他技，其心休休焉，其如有容焉。人之有技，若己有之；人之彥聖，其心好之，不啻若自

155

其口出。實能容之，以能保我子孫黎民，尚亦有利哉！人之有技，媢嫉以惡之；人之彥聖，而違之俾不通。實不能容，以不能保我子孫黎民，亦曰殆哉！」唯仁人放流之，迸諸四夷，不與同中國，此謂唯仁人為能愛人，能惡人。見賢而不能舉，舉而不能先，命也；見不善而不能退，退而不能遠，過也。好人之所惡，惡人之所好，是謂拂人之性，菑必逮夫身。是故君子有大道，必忠信以得之，驕泰以失之。生財有大道。生之者眾，食之者寡，為之者疾，用之者舒，則財恒足矣。仁者以財發身，不仁者以身發財。未有上好仁而下不好義者也，未有好義其事不終者也，未有府庫財非其財者也。孟獻子曰：「畜馬乘，不察於雞豚；伐冰之家，不畜牛羊；百乘之家，不畜聚斂之臣。與其有聚斂之臣，寧有盜臣。」此謂國不以利為利，以義為利也。長國家而務財用者，必自小人矣。彼為善之，小人之使為國家，菑害並至。雖有善者，亦無如之何矣！此謂國不以利為利，以義為利也。

冠義

凡人之所以為人者，禮義也。禮義之始，在於正容體、齊顏色、順辭令。容體正，顏色齊，辭令順，而後禮義備。以正君臣、親父子、和長幼。君臣正，父子親，長幼和，而後禮義立。故冠而後服備，服備而後容體正、顏色齊、辭令順。故曰："冠者，禮之始也。"是故古者聖王重冠。

古者冠禮，筮日筮賓，所以敬冠事，敬冠事，所以重禮，重禮，所以為國本也。

故冠於阼，以著代也。醮於客位，三加彌尊，加有成也。已冠而字之，成人之道也。見於母，母拜之，見於兄弟，兄弟拜之，成人而與為禮也。玄冠玄端奠摯於君，遂以摯見於鄉大夫鄉先生，以成人見也。

成人之者，將責成人禮焉也。責成人禮焉者，將責為人子、為人弟、為人臣、為人少者之禮行焉。將責四者之行於人，其禮可不重與？

故孝弟忠順之行立，而後可以為人，可以為人，而後可以治人也。故聖王重禮。故曰："冠者，禮之始也，嘉事之重者也。"是故古者重冠，重冠故行之於廟，行之於廟者，所以尊重事。尊重事而不敢擅重

事，不敢擅重事，所以自卑而尊先祖也。

昏義

昏禮者，將合二姓之好，上以事宗廟，而下以繼後世也，故君子重之。是以昏禮納采，問名，納吉，納徵，請期，皆主人筵幾於廟，而拜迎於門外，入，揖讓而升，聽命於廟，所以敬慎重正昏禮也。

父親醮子，而命之迎，男先於女也。子承命以迎，主人筵幾於廟，而拜迎於門外。婿執雁入揖讓升堂，再拜奠雁，蓋親受之於父母也。降，出御婦車，而婿受綏，御輪三周，先俟於門外，婦至，婿揖婦以入，共牢而食，合卺而酳，所以合體同尊卑以親之也。

敬慎重正而後親之，禮之大體，而所以成男女之別，而立夫婦之義也。男女有別，而後夫婦有義；夫婦有義，而後父子有親；父子有親，而後君臣有正。故曰：「昏禮者，禮之本也。」

夫禮始於冠，本於昏，重於喪祭，尊於朝聘，和於鄉射，此禮之大體也。

夙興，婦沐浴以俟見。質明，贊見婦於舅姑，婦執笄、棗、栗、段修以見，贊醴婦，婦祭脯醢，祭醴，成婦禮也。舅姑入室，婦以特豚饋，明婦順也。厥明，舅姑共饗婦以一獻之禮，奠酬，舅姑先降自西階，婦降自阼階，以著代也。

成婦禮，明婦順，又申之以著代，所以重責婦順焉也。婦順者，順於舅姑，和於室人，而後當於夫，以成絲麻布帛之事，以審守委積蓋藏。是故婦順備而後內和理，內和理而後家可長久也，故聖王重之。

是以古者婦人先嫁三月，祖廟未毀，教於公宮，祖廟既毀，教於宗室，教以婦德、婦言、婦容、婦功。教成祭之，牲用魚，芼之以蘋藻，所

以成婦順也。

古者天子後立六宮、三夫人、九嬪、二十七世婦、八十一御妻，以聽天下之內治，以明章婦順，故天下內和而家理。天子立六官、三公、九卿、二十七大夫、八十一元士，以聽天下之外治，以明章天下之男教，故外和而國治。故曰：「天子聽男教，後聽女順；天子理陽道，後治陰德；天子聽外治，後聽內職。教順成俗，外內和順，國家理治，此之謂盛德。

是故男教不修，陽事不得，適見於天，日為之食；婦順不修，陰事不得，適見於天，月為之食。是故日食則天子素服而修六官之職，蕩天下之陽事；月食則後素服而修六宮之職，蕩天下之陰事。故天子之與後，猶日之與月，陰之與陽，相須而後成者也。天子修男教，父道也；後修女順，母道也。故曰：「天子之與後，猶父之與母也。」故為天王服斬衰，服父之義也；為後服資衰，服母之義也。

鄉飲酒義

鄉飲酒之義。主人拜迎賓於庠門之外，入，三揖而後至階，三讓而後升，所以致尊讓也。盥洗揚觶，所以致絜也。拜至，拜洗，拜受，拜送，拜既，所以致敬也。尊讓絜敬也者，君子之所以相接也。君子尊讓則不爭，絜敬則不慢，不慢不爭，則遠於鬥辨矣，不鬥辨則無暴亂之禍矣，斯君子所以免於人禍也，故聖人製之以道。

鄉人、士、君子，尊於房戶之間，賓主共之也。尊有玄酒，貴其質也。羞出自東房，主人共之也。洗當東榮，主人之所以自絜，而以事賓也。賓主象天地也，介僎象陰陽也，三賓象三光也。讓之三也，象月之三日而成魄也。四麵之坐，象四時也。

天地嚴凝之氣，始於西南，而盛於西北，此天地之尊嚴氣也，此天地之義氣也。天地溫厚之氣，始於東北，而盛於東南，此天地之盛德氣也，此天地之仁氣也。主人者尊賓，故坐賓於西北，而坐介於西南以

輔賓。賓者，接人以義者也，故坐於西北。主人者，接人以德厚者也，故坐於東南。而坐僎於東北，以輔主人也。仁義接，賓主有事，俎豆有數曰聖，聖立而將之以敬，曰禮，禮以體長幼曰德。德也者，得於身也。故曰："古之學術道者，將以得身也。是故聖人務焉。"

祭薦、祭酒，敬禮也。嚌肺，嚐禮也。啐酒，成禮也。於席末，言是席之正，非專為飲食也，為行禮也，此所以貴禮而賤財也。卒觶，致實於西階上，言是席之上，非專為飲食也，此先禮而後財之義也。先禮而後財，則民作敬讓而不爭矣。

鄉飲酒之禮，六十者坐，五十者立侍，以聽政役，所以明尊長也。六十者三豆，七十者四豆，八十者五豆，九十者六豆，所以明養老也。民知尊長養老，而後乃能入孝弟。民入孝弟，出尊長養老，而後成教，成教而後國可安也。君子之所謂孝者，非家至而日見之也，合諸鄉射，教之鄉飲酒之禮，而孝弟之行立矣。

孔子曰："吾觀於鄉，而知王道之易易也。"

主人親速賓及介，而眾賓自從之。至於門外，主人拜賓及介，而眾賓自入。貴賤之義別矣。

三揖至於階，三讓以賓升，拜至、獻、酬、辭讓之節繁。及介省矣。至於眾賓升受，坐祭，立飲，不酢而降。隆殺之義辨矣。

工入，升歌三終，主人獻之。笙入三終，主人獻之。間歌三終，合樂三終，工告樂備，遂出。一人揚觶，乃立司正焉。知其能和樂而不流也。

賓酬主人，主人酬介，介酬眾賓，少長以齒，終於沃洗者焉。知其能弟長而無遺矣。

降，說屨升坐，修爵無數。飲酒之節，朝不廢朝，莫不廢夕。賓出，主人拜送，節文終遂焉。知其能安燕而不亂也。

貴賤明，隆殺辨，和樂而不流，弟長而無遺，安燕而不亂，此五行者，足以正身安國矣。彼國安而天下安。故曰："吾觀於鄉，而知王道之易易也。"

鄉飲酒之義，立賓以象天，立主以象地，設介僎以象日月，立三賓以象三光。古之製禮也，經之以天地，紀之以日月，參之以三光，政教

之本也。

亨狗於東方，祖陽氣之發於東方也。洗之在阼，其水在洗東，祖天地之左海也。尊有玄酒，教民不忘本也。

賓必南鄉，東方者春，春之為言蠢也，產萬物者聖也。南方者夏，夏之為言假也，養之，長之，假之，仁也。西方者秋，秋之為言愁也，愁之以時察，守義者也。北方者冬，冬之為言中也，中者藏也。是以天子之立也，左聖鄉仁，右義偝藏也。介必東鄉，介賓主也。主人必居東方，東方者春，春之為言蠢也，產萬物者也。主人者造之，產萬物者也。月者三日則成魄，三月則成時，是以禮有三讓，建國必立三卿。三賓者，政教之本，禮之大參也。

射義

古者諸侯之射也，必先行燕禮；卿大夫之射也，必先行鄉飲酒之禮。故燕禮者，所以明君臣之義也；鄉飲酒之禮者，所以明長幼之序也。故射者，進退周還必中禮，內誌正，外體直，然後持弓矢審固，持弓矢審固，然後可以言中，此可以觀德行矣。

其節，天子以《騶虞》為節，諸侯以《狸首》為節，卿大夫以《采蘋》為節，士以《采蘩》為節。《騶虞》者，樂官備也；《狸首》者，樂會時也。《采蘋》者，樂循法也；《采蘩》者，樂不失職也。是故天子以備官為節，諸侯以時會天子為節，卿大夫以循法為節，士以不失職為節。故明乎其節之誌，以不失其事，則功成而德行立，德行立則無暴亂之禍矣。功成則國安。故曰："射者，所以觀盛德也。"

是故古者天子以射選諸侯、卿、大夫、士。射者，男子之事也，因而飾之以禮樂也。故事之盡禮樂，而可數為，以立德行者，莫若射，故聖王務焉。

是故古者天子之製，諸侯歲獻貢士於天子，天子試之於射宮。其容體比於禮，其節比於樂，而中多者，得與於祭，其容體不比於禮，其節不比於樂，而中少者，不得與於祭。數與於祭而君有慶；數不與於祭而君有讓。數有慶而益地；數有讓而削地。故曰："射者，射為諸侯也。"是以諸侯君臣盡誌於射，以習禮樂。夫君臣習禮樂而以流亡者，

未之有也。

故《詩》曰："曾孫侯氏,四正具舉。大夫君子,凡以庶士,小大莫處,禦於君所,以燕以射,則燕則譽。"言君臣相與盡誌於射,以習禮樂,則安則譽也。是以天子製之,而諸侯務焉。此天子之所以養諸侯,而兵不用,諸侯自為正之具也。

孔子射於矍相之圃,蓋觀者如堵牆。射至於司馬,使子路執弓矢,出延射曰:"賁軍之將,亡國之大夫,與為人後者不入,其餘皆入。"蓋去者半,入者半。又使公罔之裘,序點,揚觶而語。公罔之裘揚觶而語曰:"幼壯孝弟,耆耊好禮,不從流俗,修身以俟死者,不,在此位也。"蓋去者半,處者半。序點又揚觶而語曰:"好學不倦,好禮不變,旄期稱道不亂者,不,在此位也。"蓋<廣勤>有存者。

射之為言者繹也,或曰舍也。繹者,各繹己之誌也。故心平體正,持弓矢審固,持弓矢審固,則射中矣。故曰:"為人父者,以為父鵠;為人子者,以為子鵠;為人君者,以為君鵠;為人臣者,以為臣鵠。"故射者各射己之鵠。故天子之大射謂之射侯。射侯者,射為諸侯也。射中則得為諸侯,射不中則不得為諸侯。

天子將祭,必先習射於澤。澤者,所以擇士也。已射於澤,而後射於射宮。射中者得與於祭,不中者不得與於祭。不得與於祭者有讓,削以地,得與於祭者有慶,益以地。進爵絀地是也。

故男子生,桑弧蓬矢六,以射天地四方。天地四方者,男子之所有事也。故必先有誌於其所有事,然後敢用穀也。飯食之謂也。

射者,仁之道也。射求正諸己,己正而後發,發而不中,則不怨勝己者,反求諸己而已矣。孔子曰:"君子無所爭,必也射乎!揖讓而升,下而飲,其爭也君子。"

孔子曰:"射者何以射,何以聽。循聲而發,發而不失正鵠者,其唯賢者乎!若夫不肖之人,則彼將安能以中。"《詩》云:"發彼有的,以祈爾爵。"祈,求也,求中以辭爵也。酒者,所以養老也,所以養病也。求中以辭爵者,辭養也。

燕義

古者周天子之官，有庶子官。庶子官職諸侯、卿、大夫、士之庶子之卒，掌其戒令，與其教治，別其等，正其位。國有大事，則率國子而致於大子，唯所用之。若有甲兵之事，則授之以車甲，合其卒伍，置其有司，以軍法治之，司馬弗正。凡國之政事，國子存遊卒，使之修德學道，春合諸學，秋合諸射，以考其藝而進退 之。

諸侯燕禮之義：君立阼階之東南，南鄉爾，卿，大夫皆少進，定位也。君席阼階之上，居主位也；君獨升立席上，西麵特立，莫敢適之義也。設賓主，飲酒之禮也。使宰夫為獻主，臣莫敢與君亢禮也。不以公卿為賓，而以大夫為賓，為疑也，明嫌之義也。賓入中庭，君降一等而揖之，禮之也。

君舉旅於賓，及君所賜爵，皆降再拜稽首，升成拜，明臣禮也。君答拜之，禮無不答，明君上之禮也。臣下竭力盡能以立功於國，君必報之以爵祿，故臣下皆務竭 力盡能以立功，是以國安而君寧。禮無不答，言上之不虛取於下也。上必明正道以道民，民道之而有功，然後取其什一，故上用足而下不匱也，是以上下和親而不相 怨也。和寧，禮之用也，此君臣上下之大義也。故曰："燕禮者，所以明君臣之義也。"

席，小卿次上卿，大夫次小卿，士庶子以次就位於下。獻君，君舉旅行酬而後獻卿，卿舉旅行酬而後獻大夫，大夫舉旅行酬而後獻士，士舉旅行酬而後獻庶子。俎豆、牲體、薦羞，皆有等差，所以明貴賤也。

聘義

聘禮，上公七介，侯伯五介，子男三介，所以明貴賤也。介紹而傳命，君子於其所尊弗敢質。敬之至也。三讓而後傳命，三讓而後入廟門，三揖而後至階，三讓而後升，所以致尊讓也。

君使士迎於竟，大夫郊勞，君親拜迎於大門之內而廟受，北麵拜貺，拜君命之辱，所以致敬也。敬讓也者，君子之所以相接也。故諸侯相接以敬讓，則不相侵陵。

卿為上擯，大夫為承擯，士為紹擯。君親禮賓，賓私麵、私覿、致饔

餼、還圭璋、賄贈、饗食燕，所以明賓客君臣之義也。

故天子製諸侯，比年小聘，三年大聘，相屬以禮。使者聘而誤，主君弗親饗食也。所以愧厲之也。諸侯相屬以禮，則外不相侵，內不相陵。此天子之所以養諸侯，兵不用而諸侯自為正之具也。

以圭璋聘，重禮也。已聘而還圭璋，此輕財而重禮之義也。諸侯相屬以輕財重禮，則民作讓矣。主國待客，出入三積，餼客於舍，五牢之具陳於內，米三十車，禾三十車，芻薪倍禾，皆陳於外，乘禽日五雙，群介皆有餼牢，一食再饗，燕與時賜無數，所以厚重禮也。古之用財者不能均如此，然而用財如此其厚者，言盡之於禮也。盡之於禮，則內君臣不相陵，而外不相侵。故天子製之，而諸侯務焉爾。

聘射之禮，至大禮也。質明而始行事，日幾中而後禮成，非強有力者弗能行也。故強有力者，將以行禮也。酒清、人渴而不敢飲也；肉幹、人饑而不敢食也；日莫人倦、齊莊正齊，而不敢解惰。以成禮節，以正君臣，以親父子，以和長幼。此眾人之所難，而君子行之，故謂之有行。有行之謂有義，有義之謂勇敢。故所貴於勇敢者，貴其能以立義也；所貴於立義者，貴其有行也；所貴於有行者，貴其行禮也。故所貴於勇敢者，貴其敢行禮義也。故勇敢強有力者，天下無事，則用之於禮義；天下有事，則用之於戰勝。用之於戰勝則無敵；用之於禮義則順治，外無敵，內順治，此之謂盛德。故聖王之貴勇敢強有力如此也。勇敢強有力而不用之於禮義戰勝，而用之於爭鬥，則謂之亂人。刑罰行於國，所誅者亂人也。如此，則民順治而國安也。

子貢問於孔子曰："敢問君子貴玉而賤碈者何也。為玉之寡而碈之多與？"孔子曰："非為碈之多，故賤之也，玉之寡，故貴之也。夫昔者君子比德於玉焉。溫潤而澤，仁也；縝密以栗，知也；廉而不劌，義也；垂之如隊禮也：叩之其聲清越以長，其終詘然，樂也；瑕不掩瑜、瑜不掩瑕，忠也；孚尹旁達，信也；氣如白虹，天也；精神見於山川，地也；圭璋特達、德也。天下莫不貴者，道也，《詩》雲："言念君子，溫其如玉。"故君子貴之也。"

喪服四制

凡禮之大體，體天地，法四時，則陰陽，順人情，故謂之禮。訾之者，是不知禮之所由生也。夫禮，吉凶異道，不得相幹，取之陰陽也。喪有四製，變而從宜，取之四時也。有恩有理，有節有權，取之人情也。恩者仁也，理者義也，節者禮也，權者知也。仁義禮知，人道具矣。其恩厚者，其服重，故為父斬衰三年，以恩製者也。門內之治，恩掩義；門外之治，義斷恩。資於事父以事君，而敬同，貴貴尊尊，義之大者也。故為君亦斬衰三年，以義製者也。

三日而食，三月而沐，期而練，毀不滅性，不以死傷生也。喪不過三年，苴衰不補，墳墓不培，祥之日，鼓素琴。告民有終也，以節製者也。資於事父以事母，而愛同。天無二日，土無二王，國無二君，家無二尊，以一治之地。故父在，為母齊衰期者，見無二尊也。

杖者何也？爵也。三日授子杖，五日授大夫杖，七日授士杖。或曰擔主，或曰輔病，婦人童子不杖，不能病也。百官備，百物具，不言而事行者，扶而起；言而後事行者，杖而起；身自執事而後行者，麵垢而已。禿者不髽，傴者不袒，跛者不踴，老病不止酒肉。凡此八者，以權製者也。

始死，三日不怠，三月不解。期悲哀，三年憂，恩之殺也。聖人因殺以製節，此喪之所以三年，賢者不得過，不肖者不得不及，此喪之中庸也，王者之所常行也。《書》曰："高宗諒闇，三年不言"，善之也。王者莫不行此禮。何以獨善之也？曰：高宗者武丁。武丁者，殷之賢王也。繼世即位而慈良於喪，當此之時，殷衰而複興，禮廢而複起，故善之。善之，故載之書中而高之，故謂之高宗。三年之喪，君不言，《書》雲："高宗諒闇，三年不言"，此之謂也。然而曰"言不文"者，謂臣下也。

禮斬衰之喪，唯而不對；齊衰之喪，對而不言；大功之喪，言而不議；緦小功之喪，議而不及樂。

父母之喪，衰冠繩纓菅屨，三日而食粥，三月而沐，期十三月而練冠，三年而祥。比終茲三節者，仁者可以觀其愛焉，知者可以觀其理焉，強者可以觀其誌焉。禮以治之，義以正之，孝子弟弟貞婦，皆可得而

察焉。

大學 (證釋本)

一、綱領

大學之道，在明明德，在親親，在新民，在止於至善。

二、述明明德

古之欲明明德於天下者，先治其國；欲治其國者，先齊其家；欲齊其家者，先修其身；欲修其身者，先正其心；欲正其心者，先誠其意；欲誠其意者，先致其知；致知在格物。物格而後知至，知至而後意誠，意誠而後心正，心正而後身修，身修而後家齊，家齊而後國治，國治而後天下平。

康誥曰：「克明德。」太甲曰：「顧諟天之明命。」帝典曰：「克明峻德。」皆自明也。

三、述親親新民

物有本末，事有終始，知所先後，則近道矣。自天子以至於庶人，壹是皆以親親為本，其本亂而末治者否矣；其所厚者薄，而其所薄者厚，未之有也。

湯之盤銘曰：「苟日新，日日新，又日新。」康誥曰：「作新民。」詩曰：「周雖舊邦，其命維新。」是故，君子畏天愛民。

四、述止至善

知止而後有定，定而後能靜，靜而後能安，安而後能慮，慮而後能得。是故，君子無所不用其極。

詩云：「邦畿千里，維民所止。」詩云：「緡蠻黃鳥，止於丘隅。」子曰：「於止，知其所止，可以人而不如鳥乎？

詩云：「穆穆文王，於緝熙敬止。」為人君，止於仁；為人臣，止於敬；為人子，止於孝；為人父，止於慈；與國人交，止於信。

五、總結綱領

詩云：「瞻彼淇澳，菉竹猗猗；有斐君子，如切如磋，如琢如磨，瑟兮僩兮，赫兮喧兮；有斐君子，終不可諠兮。」如切如磋者，道學也；如琢如磨者，自修也；瑟兮僩兮者，恂慄也；赫兮喧兮者，威儀也。有斐君子，終不可諠兮者，道盛德至善，民之不能忘也。

詩云：「於戲！前王不忘。」君子賢其賢而親其親，小人樂其樂而利其利，此以沒世不忘也。

六、述格物致知

所謂「致知在格物」者：人之其所親愛而辟焉，之其所賤惡而辟焉，之其所畏敬而辟焉，之其所哀矜而辟焉，之其所敖惰而辟焉。故好而知其惡，惡而知其美者，天下鮮矣。故諺有之曰：「人莫知其子之惡，莫知其苗之碩。

子曰：「聽訟，吾猶人也；必也，使無訟乎！」無物不得盡其情也。此謂物格，此謂知本，此謂知之至也。

七、述誠意

所謂「誠其意」者，毋自欺也。如惡惡臭，如好好色；故君子必慎其獨也。

小人閒居為不善，無所不至；見君子而後厭然，揜其不善，而著其善；人之視己，如見其肺肝然，則何益矣？此之謂自慊；故君子必慎其獨也。曾子曰：「十目所視，十手所指，其嚴乎！」富潤屋，德潤身，心廣體胖。此謂誠於中形於外；故君子必誠其意。

八、述正心修身

所謂「修身在正其心」者：身有所忿懥，則不得其正；有所恐懼，則不得其正；有所好樂，則不得其正；有所憂患，則不得其正。心不在焉，視而不見，聽而不聞，食而不知其味。此謂修身在正其心。

九、述修身齊家

所謂「齊其家在修其身」者：堯、舜帥天下以仁，而民從之；桀、紂帥天下以暴，而民從之。其所令反其所好，而民不從。是故君子有諸己，而後求諸人；無諸己，而後非諸人。所藏乎身不恕，而能喻諸人者，未之有也。此謂身不修，不可以齊其家。

十、述齊家治國

所謂「治國必先齊其家」者：其家不可教，而能教人者，無之。故君子不出家，而成教於國。孝者，所以事君也；弟者，所以事長也；慈者，所以使眾也。康誥曰：「如保赤子。」心誠求之，雖不中，不遠矣。未有學養子而後嫁者也。

一家仁，一國興仁；一家讓，一國興讓；一人貪利，一國作亂；其機如此。此謂一言僨事，一人定國。

詩云：「桃之夭夭，其葉蓁蓁，之子于歸，宜其家人。」宜其家人，而後可以教國人。詩云：「宜兄宜弟。」宜兄宜弟，而後可以教國人。詩云：「其儀不忒，正是四國。」其為父子兄弟足法，而後民法之也。此謂治國在齊其家。

十一、述治國平天下

所謂「平天下在治其國」者：上老老，而民興孝；上長長，而民興弟；上恤孤，而民不倍。是以君子有絜矩之道也。所惡於上，毋以使下；所惡於下，毋以事上；所惡於前，毋以先後；所惡於後，毋以從前；所惡於右，毋以交於左；所惡於左，毋以交於右；此之謂絜矩之道。

詩云：「節彼南山，維石巖巖；赫赫師尹，民具爾瞻。」有國者不可以不慎，辟，則為天下僇矣！

詩云：「殷之未喪師，克配上帝；儀監於殷，峻命不易。」道得眾，則得國；失眾，則失國。是故君子有大道：必忠信以得之，驕泰以失之。

康誥曰：「惟命不於常。」道善則得之；不善則失之矣。楚書曰：「楚國無以為寶，惟善以為寶。」舅犯曰：「亡人無以為寶，仁親以為寶。

秦誓曰：「若有一個臣，斷斷兮，無他技；其心休休焉，其如有容焉；人之有技，若己有之；人之彥聖，其心好之；不啻若自其己出，寔能容之，以能保我子孫黎民，尚亦有利哉！人之有技，媢嫉以惡之；人之彥聖，而違之俾不通；寔不能容，以不能保我子孫黎民，亦曰殆

哉！」唯仁人放流之，迸諸四夷，不與同中國。此謂「唯仁人為能愛人，能惡人。

見賢而不能舉，舉而不能先，命也；見不善而不能退，退而不能遠，過也。好人之所惡，惡人之所好，是謂拂人之性，菑必逮夫身。詩云：「樂只君子，民之父母。」民之所好好之，民之所惡惡之，此之謂民之父母。

是故君子先慎乎德；有德此有人，有人此有土，有土此有財，有財此有用。德者，本也；財者，末也；外本內末，爭民施奪。是故財聚則民散，財散則民聚。是故言悖而出者，亦悖而入；貨悖而入者，亦悖而出。

生財有大道：生之者眾，食之者寡；為之者疾，用之者舒，則財恆足矣。

仁者以財發身，不仁者以身發財。未有上好仁，而下不好義者也；未有好義，其事不終者也；未有府庫財，非其財者也。

孟獻子曰：「畜馬乘，不察於雞豚；伐冰之家，不畜牛羊；百乘之家，不畜聚斂之臣；與其有聚斂之臣，寧有盜臣。」此謂國不以利為利，以義為利也。

長國家而務財用者，必自小人矣；彼為善之，小人之使為國家，菑害並至，雖有善者，亦無如之何矣！此謂國不以利為利，以義為利也。

Also Available from JiaHu Books

Πολιτεία – 9781909669482

The Early Dialogues – Apology to Lysis – 9781909669888

Ἰλιάς - 9781909669222

Ὀδύσσεια - 9781909669260

Ἀνάβασις - 9781909669321

Μήδεια – Βάκχαι – 9781909669765

Νεφέλαι – Λυσιστράτη – 9781909669956

Ἱστορίαι - 9781909669710

De rerum natura – Lucretius

Metamorphoses – Ovid (Latin)

Satyricon - Gaius Petronius Arbiter (Latin)

Metamorphoses – Asinus Aureus (Latin)

Plays of Terence (Latin)

Plays of Plautus (Latin)

Complete Works of Pliny the Younger (Latin)

Philippicae (Latin)

Egils Saga (Old Norse)

Egils Saga (Icelandic)

Brennu-Njáls saga (Icelandic)

Laxdæla Saga (Icelandic)

अभीज्ञानशाकु न्ताकम्- Recognition of Sakuntala (Sanskrit) – 9781909669192

Bhagavad Gita (Sanskrit) - 9781909669178

易經 – 9781909669383

春秋左氏傳 - 9781909669390

尚書 – 9781909669635

莊子 - 9781784350277

孟子 – 9781784350284

Truyện Kiều - 9781784350185

'

www.ingramcontent.com/pod-product-compliance
Lightning Source LLC
Chambersburg PA
CBHW060754050426
42449CB00008B/1406